东方
文化符号

张　謇

王敦琴　陈蕊　著

江苏凤凰美术出版社

图书在版编目（CIP）数据

张謇 / 王敦琴, 陈蕊著. -- 南京：江苏凤凰美术出版社, 2024.6
（东方文化符号）
ISBN 978-7-5741-1256-8

Ⅰ.①张… Ⅱ.①王… ②陈… Ⅲ.①张謇（1853-1926）-传记 Ⅳ.①K825.38

中国国家版本馆CIP数据核字（2023）第164706号

责任编辑　舒金佳
设计指导　曲闵民
图片提供　张慎欣
责任校对　施　铮
责任监印　张宇华
责任设计编辑　赵　秘

书　　名	张　謇
著　　者	王敦琴　陈　蕊
出版发行	江苏凤凰美术出版社（南京市湖南路1号　邮编：210009）
制　　版	南京新华丰制版有限公司
印　　刷	盐城志坤印刷有限公司
开　　本	889 mm×1194 mm　1/32
印　　张	5.75
版　　次	2024年6月第1版　2024年6月第1次印刷
标准书号	ISBN 978-7-5741-1256-8
定　　价	88.00元

营销部电话　025-68155675　营销部地址　南京市湖南路1号
江苏凤凰美术出版社图书凡印装错误可向承印厂调换

目录

前 言 ··· 1

第一章 漫漫科举路 ································· 6
一、占籍之灾 ··· 6
二、柳暗花明 ··· 9

第二章 状元"下海"成大业 ··················· 13
一、回籍丁忧赴国难 ····························· 13
二、建成庞大资本集团 ························· 17

第三章 政坛叱咤风云 ································ 44
一、勉力东南互保 ································· 44
二、推动君主立宪 ································· 46
三、发起国会请愿 ································· 49
四、兴起立法高潮 ································· 54

第四章　教育文化实绩 … 61
一、前瞻的教育思想 … 61
二、完整的近代教育体系 … 65
三、特有的文化自觉 … 95

第五章　慈善公益成效 … 111
一、慈善公益体系 … 111
二、田园城市模式 … 124

第六章　诗文书法成就 … 126
一、"读过三日牙犹香" … 126
二、"无一字不有泪痕者" … 128
三、"同光第一" … 130

第七章　无情未必真豪杰 … 133
一、兄弟情 … 133
二、父子情 … 137
三、夫妻情 … 144
四、知遇情 … 148

第八章　"不与草木同腐" … 155
一、"模范县" … 155
二、"开路先锋" … 164

主要参考文献…………………………………… 173

后　记…………………………………………… 177

前　言

翻开中国近代历史长卷，一个名字映入眼帘。这个名字与中国早期现代化紧密相连，与清末民初所发生的一系列重大事件紧密相连。

这个人就是——张謇。

张謇（1853—1926）：字季直，号啬庵，江苏南通人。人们常尊称他啬翁、啬公、张季子、张季翁、张南通。清末状元。中国近代著名实业家、教育家、政治家、文学家、社会活动家。

张謇一生以41岁中状元为重要分水岭分为前后半生：前半生可谓是知识、能力的积累时期，后半生可谓是各种事业的爆发时期。

前半生，他的活动轨迹主要是读书、参加科举考试、当幕僚、执教并执掌书院，在科举仕途的崎岖山路上奋力攀登，最终登上读书人的光辉顶峰，成为状元。

后半生，他的活动轨迹主要是办实业、办教育、办各种社会事业，也曾担任过数十个职务；在短短30多年中艰难创业，在10多个领域都有重大建树，干成了许多人几辈子都干不了的大事。

张謇离世已近百年。岁月变迁，沧海桑田，但对张謇的推崇和赞誉并无止境。

国家政权几多变更，历代政要亦各具政见，但他们都推崇张謇、尊敬张謇，感佩于张謇的丰功伟绩。张謇在世时，孙中山不仅聘请他出任实业总长，且赠予他照片，称赞他"在南通做出了实实在在的事情"；张謇去世后，北洋政府特颁嘉奖令，称其"效绩昭著""生平事迹宜付国史立传"；毛泽东说，提起中国民族工业，有四个人不能忘记，重工业不能忘记张之洞，轻工业不能忘记张謇，化学工业不能忘记范旭东，交通运输业不能忘记卢作孚。

学界研究更是如火如荼，经久不衰，张謇研究渐为显学。张謇时代，便有人着手研究。20世纪20年代初日本驹井德三来中国对张謇所办企事业进行了详细的调查，写下《张謇关系事业调查报告书》，颇为客观地介绍了张謇所创办的企事业。1923年，邝富灼写下一部《现代之胜利者》，给予张謇以礼赞。百年来，特别是改革开放以来，张謇研究趋于热门，张謇国际学术研讨会已开过六届，其他国际会议、全国会议、地区性会议等各种学术会议举办近百场。学术成果层出不穷，著作几十部、论文千余篇。张謇研究学术机构亦有十几个。张謇研究队伍不断壮大，

孙中山题像赠张謇

涌现了大批专家学者，大家、名家亦不鲜见。研究者不仅大量遍布中国大陆和港台地区，且日本、韩国、美国、加拿大、荷兰、新加坡等国亦有之。

　　民间对张謇更是褒扬有加。1922年，北京、上海报纸曾举行成功人士民意测验，投票选举"最景仰之人物"，结果张謇以最高票当选。20世纪30年代，有一本中学生读物《世界实业家列传》，在全世界范围内共列出10人，中国仅一位被收录，此人便是张謇，标题为《实业巨擘张謇》。1926年，张謇去世下葬时，整个南通万人空巷，家家户户、男女老幼纷纷走出家门，自发到路边夹道送行，进行路祭；从濠南别业至墓地数千米长的道路两旁，送行的人们久久伫立，洒泪告别这位旷世英雄。张謇去世90多年来，故乡人民仍然不断地感念他、怀念他。如今，在江苏，张謇的事业痕迹仍依稀可辨；在南通，张謇的气息和精神更是随处可感。

媒体宣传报道张謇的文章数不胜数。当年的《申报》三天两头登载有关张謇及南通的消息，不少报纸、杂志不时刊登有关南通及张謇所办企事业的介绍、游记，诸如《南通游记》《介绍一个新南通》等。中华人民共和国成立以来，特别是改革开放以来，围绕张謇及其精神所展开的纪念、研讨、座谈等活动不计其数。各媒体播放的张謇或与张謇相关的资料片、纪录片、访谈等不下20种。以张謇为题材的纪录片、话剧已获成功。至此为止，张謇虽未被拍成电影或电视剧，但跃跃欲试者甚至有所行动者大有人在。

国际影响经久不衰。当年，张謇将唐家闸规划为工业区，将大量的工厂企业办在那里，那时的唐家闸闻名中外。有人发现那时的世界地图，中国一些大城市未列，却标有唐家闸。英国人所著《海关十年报告》，主要记录海关情况，却用一章的篇幅来介绍离上海120多千米的南通。当年美国的《世界召唤》杂志刊有数百篇关于张謇和南通的文章。美国著名教育家杜威来南通考察张謇所办教育后说："南通者，教育之源泉也。吾尤望其成为世界教育之中心也。"如今前来探寻张謇遗迹者、参观访问者、调研者、旅游观光者仍络绎不绝。

张謇生活的时代，内忧外患共存，社会急剧转型，中西文化碰撞。在这样的时代，张謇既不怨天尤人，亦不随波逐流，而是坚定地选择了一条自救自强之路，从自己做起，"做一分便是一分，做一寸便是一寸"，终于成就了宏大的事业。他以自己先进的理念、救国强国的坚定信念、对世界大势的深刻感知及顽强拼搏的实干精神，为中国早期的现代转型做出了艰辛的探索，"当了30年的开路先锋"，取得了辉煌的成就，开创了众多的全国第一。张謇最大限度地实现了自己的人生价值，并深深地感动了中国和世界。

第一章　漫漫科举路

张謇从 16 岁开始参加科举考试到 42 岁中状元，其间经历了 26 年。这 26 年，几多辛苦、几多惆怅，只有经历过的人才能深知其滋味。

一、冒籍之灾

张謇 4 岁时，父亲就教导他读书识字，从《千字文》开始认读。父亲张彭年虽然读书不多，但却是一名贤达之人，以慷慨助人、办事公道而远近闻名。张彭年儿时对读书的渴望及读不起书的遗憾一直如影随形地伴着他，他热切盼望子辈中能有人去实现他的夙愿，读书科考，成就功名，光宗耀祖。于是，他对天赋甚高的第四子张謇寄予了厚望。

从幼年到少年，张謇就学于私塾。从 5 岁入私塾到 16 岁参加科举考试，他先后师从海门邱大璋、通州宋郊祁、宋琳等先生。10 多年的私塾学习生活不仅使他学完了"四书五经",而且留下一段段佳话。

他有很强的记忆能力,读书天赋甚高。4岁时,在大街上听人诵读几遍《滕王阁序》,他便能理解其意。11岁时能敏捷地对对联。教书先生给出上联"日悬天上",他便应声对出"月沉水底"。12岁时先生出上联"人骑白马门前去",张謇脱口对出下联"我踏金鳌海上来"。不仅工整严密,更为重要的是展露了其才华及志向,教书先生不禁赞赏有加,父亲张彭年更是喜出望外。

少年时占籍(即占用别人籍贯参加科举考试)考试及被敲诈勒索的经历激发了他读书科考、出人头地的决心。16岁准备参加科举考试,但他却没有直接参考的资格。按当时惯例,三代之内没有中过秀才的"冷籍"不可以直接参加科举考试,而须廪膳生和学官"认保"和"派保"。当时的担保体系弊端丛生,考生家庭须拿出一大笔钱财请保并酬谢。就当时张謇家经济情形看,出大笔钱实属不易,而如碰上敲诈勒索之事就更是捉襟见肘了。尽管如此,张彭年还是力求找人担保具结,但未能如愿。为能有应试的机会,也为避免敲诈勒索之灾,父亲张彭年顺从了私塾先生的安排,让张謇顶替有资格考试的如皋张驹之孙,以张育才之名赴如皋应试。

如皋张家不会让别人免费占籍的,他们提出了银子的要求。张謇家依要求做了,按理这事该了结了。但是,如皋的这个张家贪得无厌,得寸进尺,利用张謇家不敢声张的心理，一次次敲诈勒索，害得张謇走投无路，甚至被关押在如皋学宫3个月，搞得张謇家官司缠身、身心疲惫。张謇生母金氏因此愁病，父亲张彭年四处借贷、八方求人。最后，人是放了，但张謇家已倾家荡产。

张謇痛苦、愤怒，但却无可奈何。在被诉讼赴如皋之前，19岁的张謇曾作诗一首，最后两句是："惆怅随身三尺剑，男儿今日有恩仇。"可见当时张謇几乎出离愤怒了。万般无奈，张謇"再四思维，惟有检举求正，以端大本"。张謇的遭遇令各方同情，其人品才识又令人赏识，在多方努力和帮助下，占籍之事经多重周折之后，得以宽大处理，最终"改籍归宗"。

占籍科考之事给青少年张謇以极深的刺激，使他深深感到家族中没有读书人的痛苦和无助，激发了他发愤苦读的决心和意志。

青少年张謇发愤苦读的故事流传甚广。在开始参加科举考试时成绩不佳，取在百名之外，这便遭到了私塾先生的斥责："譬如千人试而额取九百九十九，有一不取者，必若也。"本来张謇已很自责，先生的话更给少年张謇强烈的刺激。于是，他卧薪尝胆，在私塾的窗户和蚊帐顶上都写上"九百九十九"几个大字，以此时刻警示自己。为使自己少睡觉多读书，他睡觉时将自己的辫子用竹子夹在枕头上，一旦翻身时头发被扯住疼醒，便立刻起床读书写字。夏天的夜晚蚊子甚多，为使自己专心读书写字，他便将双脚放在坛子里，用衣物塞住坛口，这样蚊子就无法叮咬了。

读书天赋及发愤苦读使得张謇饱读经书，打下了坚实的国学根基，使他能有充分的底气和足够的自信在科举仕途上披荆斩棘、勇往直前。

二、柳暗花明

青年张謇除了读书写字准备科考外，还有两段重要经历。

一段重要经历是当幕僚。先是在江宁发审局当幕僚。通州知州孙云锦在处理张謇冒籍案过程中，了解了张謇的人品和才学，有心提携他。因此，孙在调离通州赴任江宁后，便将22岁的张謇邀去，让其担任江宁发审局文书，"兼与其二子共学"。在江宁发审局，张謇在做好本职工作的基础上，勤奋好学，积极投考。他投考钟山书院和惜阴等书院，深得两书院院长李联琇、薛时雨的赏识，均取为第一；结识名家，特别是结识了大学者张裕钊、杨怀远等。张謇勤勉好学，时常讨教，深得长者们的赏识和称道，得其真传。同时，他的古文文法、制艺能力都大有长进。

在孙云锦处一两年后，他又被吴长庆邀请到其军幕。吴以淮军儒将著称，他聘张謇担任军幕机要秘书，并专门建造茅屋5间，供张謇工作和读书之用，这给张謇带来了工作的便利和读书写字的安静环境。在吴长庆军幕八九年，张謇曾跟随其在浦口、登州执行军务。在孙云锦处和在吴长庆军幕，张謇曾考察民情，调研了水患，钻研了水文知识，使他后来对水利有了充分的发言权。

当幕僚期间还有一个重要经历是跟随吴军赴朝鲜平息"壬午兵变"。吴军在这场关系朝鲜前途命运的平乱中有理有节，出色地完成了朝廷委派的任务，军功章里也凝聚着张謇的心血和智慧。张謇作为吴军总管和机要秘书，不仅出谋划策，且负责拟写上报朝廷的公文。张謇所拟的《条陈朝鲜事宜疏》《壬午事略》《朝鲜善后六策》等，见解独特，目光深远，为朝野所知晓赏识。

吴长庆想保举其入仕以免除科考辛劳而被张謇婉拒。张謇对自己充满信心，认定"科考——功名"这条正道。在吴长庆军幕中，张謇除完成各项工作任务外，仍一直坚守着科举之途。然而，天有不测风云，吴长庆在朝鲜平乱回国后不久病逝，这给年轻的张謇以莫大的打击，也使他的军幕生涯画上了句号。

另一段经历是在家乡试种农桑并执掌执教书院。吴长庆去世后，由于张謇的名声逐渐增大，一些政要想网罗其在自己麾下，但是张謇坚辞不就。他说："我辈如处女，岂能草草事人。"他不愿依附任何人，因此有"南不拜张、北不拜李"之说。此时的张謇想沉淀一下自己，也想在赴考的同时走出一条另外的道路。于是，在离开家乡10多年后，他又回到了生他养他的地方。他一度从事农桑，试图走农桑之路，并小有成就，但最终还是放弃了。他也曾执掌执教过几个书院，但也仅作为权宜之举。

此时的张謇尽管遭遇坎坷，师友离去，世事茫茫，前程未卜，但他对未来仍未失去信心，正积蓄着更大的能量，继续攀登科举高峰，以自己的勤勉和实力博取功名，以实现自己的理想抱负。

自助者，天助也。在漫漫科举之途上艰难跋涉了26个春秋的张謇终于在42岁时高中状元，摘取了科举王冠上的那颗璀璨明珠，实现了读书人梦寐以求的最高理想。

张謇殿试策

1894年，张謇参加恩科会试，取第十名；殿试钦点状元，被授予翰林院修撰。

26年的科考历程，历经艰辛。他经历了6次乡试、5次会试，历时90天；县州考、岁科试、优行、考到、录科等考试有10多次，历时30日。40岁时想着自己屡试不第，而年迈的父亲仍在为自己操心，深感惭愧，"乃尽摒试具"。心灰意冷的张謇参加的最后一场会试是在父兄的坚持下被动赴考的，而这次却一举中的，真可谓"山重水复疑无路，柳暗花明又一村"。

从16岁走上科举之路，到22岁走出家乡，再到42岁高中状元，26年的科场搏击及多重历练使张謇积累了厚重的人生履历，这成为他人生的宝贵财富，为他成就后半生的庞大事业奠定了坚实的基础。

第二章 状元"下海"成大业

一、回籍丁忧赴国难

按照清廷惯例,新科状元张謇被授予翰林院修撰,张謇便走马上任。正当他春风得意、仕途在面前延伸之际,中日甲午战争爆发。邻邦日本不宣而战使张謇十分愤慨,而北洋水师全军覆灭亦使张謇十分悲愤。在翰林院35人合疏弹劾李鸿章之时,张謇单独上疏,痛斥李鸿章"战不备、败和局",奏请朝廷"另简重臣,以战定和,固人心而申国势"。

正当张謇为中日战争及其战况烦闷之时,他的父亲去世了,这个消息亦似晴天霹雳。万分悲痛的张謇不得不日夜兼程回乡奔丧并按制丁忧,守孝3年。

回籍丁忧的张謇本应静心在家,但无奈正值中日战争,国难当头,需要更多的人舍家报国,张謇当然也渴望为国分忧做实事。

通海地区位于海防前线,而国家军队力量却不达,在此情形下，两江总督张之洞便请张謇在此总办团练。

官府只是给予权力和名分，却未配备条件，张謇两手空空，一无所有办团练。没钱，他便将心爱的书当掉；没人，他便自编"劝防歌"，自印劝防资料，招兵买马，集合队伍。正当团练办得风生水起之时，中日战争结束，团练本是前线吃紧时的权宜之策，随着战争的结束便奉命解散了。

中日甲午战争以中国的屈辱而收场。《马关条约》使得中国的主权被践踏、财富被侵吞，张謇极为愤慨。他在日记中愤然写道："和约十款，几罄中国之膏血。"《马关条约》除了割地赔款外，还允许外国人在华设厂开矿筑路，利用中国的资源和廉价劳动力，赚取大量的利润。因此，国人应自己办企业，与外人争利润，这成为有识之士的共识。

此时丁忧在家的张謇接到两江总督张之洞的另一邀请，即奏请朝廷请其在通海一带总理商务。国难当头，张謇又勉为其难地答应下来。其实，对于办厂经商，他一无所知，无经验，也无资金，更无办厂的人脉，他只有一颗爱国忧国救国之热心。

张謇决定办纱厂，取名为"大生"。"大生"之名，源于《易经》"天地之大德曰生"，意即天地间最大的恩德就是让生者生。可见，张謇办厂之初衷，除了与外国人争利润外，还有重要的一点是"让生者生"，这体现了张謇的社会理想。

张謇想办的是机器大工厂，采用流水线生产，这是对

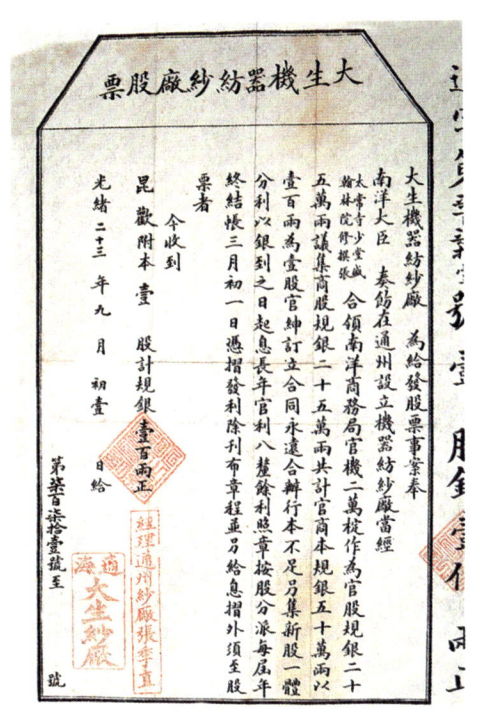

大生纱厂股票

传统生产方式的一次重大突破。这样的机器大工厂，需要大量的资金，于是，张謇想到了以股份制方式集资招股。

大生纱厂的创办历经多重磨难。从1895年开始筹备到1899年开车，其间经过了四五年时间，个中艰辛难以言说，亦非常人所能忍受。最大的问题是资金。股份制是新生事物，邀股集资极为困难。张謇无数次穿梭于南通、上海之间，邀请大股东，苦口婆心地劝股募股集股，但极为艰难,有钱人反反复复。究其原因,一是张謇作为状元毫无办厂经验,二是他自己没有资金,三是当时的纱厂布厂办得都不成功。因此,有钱人谁也不敢冒这个风险,搞不好,大笔资金就打了水漂,特别是当时官商合办的股份制企业为人们所诟病。因此,一些大股东出尔反尔,一会儿同意办,一会儿又食言。工厂动工建设后,资金仍不能到位。甚至机器开始运转后,资金周转也是大问题。走投无路之时,张謇甚至拟将工厂租给别人办,只是因为人家乘人之危将价格压得太低,使张謇难以接受而作罢。

当然,天无绝人之路。在万般无奈之下,张謇采取最迫不得已的办法,有一点资金就用来收棉花,有多少棉花就纺多少纱,将棉纱卖出后再将资金用于收棉花。以这种"滚雪球"的方法积少成多,逐渐使得大生纱厂起死回生而运转正常了。

大生纱厂

经过四五年的艰辛努力,1899年,大生纱厂开车运行。张謇讲诚信,制度管理,用心经营,采取合理的营销策略,开车第二年便有盈利。尽管其间仍有曲折,生产、经营过程中也面临过各种困难和困境,然而,都被张謇一一克服并且突破了。

从创办大生纱厂开始,状元张謇其实就意味着放弃荣华富贵和养尊处优,走上了一条他从未预设过的人生之路,也是一条荆棘丛生、充满艰难险阻的崎岖山路。在这条山路上,他寂寞地艰难跋涉,奋力拼搏,最终大获成功。

张謇高举"实业救国"大旗,以大生纱厂为依托,20多年中不断办企业,先后创办数十个,且门类众多,涵盖工业、农业、商业、交通运输、水利、盐垦、金融、通信、文化、慈善、公益、城建等,可谓应有尽有,构成了一条较为完整的产业链,形成了中国近代史上著名的大生资本集团。

二、建成庞大资本集团

纱厂。张謇创办的纱厂主要有4个,具体情况如下:

大生纱厂。如前所述,这是张謇创办的第一座机器大工厂(后来称大生一厂、大生第一纺织公司),也是张謇后来成就庞大事业的起点和基础。张謇办大生纱厂的方式,主要是用收买来的棉花通过流水线生产,纺成棉纱卖出去,从中获取利润。所用原料以通州棉花为主,少量产自陕西和由美国进口。产品主要是棉纱和布匹,销往本地和外地。棉纱商标依其规格分为"魁星""和合""棉花"三种,布亦依其品种分为"刘海""三星""和合""寿星""魁星"。大生纱厂自开车后一直到张謇去世前三年,20多年中,除个别年份外,其余年份都是盈利的,且多个年份盈利甚丰。

大生二厂、三厂、八厂。在大生纱厂成功创办后,张謇与其三兄张詧准备在通海地区办八九个纱厂,但后来

大生纱厂商标

大生二厂细纱车间

大生二厂职工宿舍

大生三厂

因情况有变，仅办成4个，即1895年创办的大生一厂、1904年创办的大生二厂、1915年创办的大生三厂、1921年筹设的大生八厂（不久并入大生一厂）。这几个厂后来改名为大生第一纺织公司、大生第二纺织公司、大生第三纺织公司。本来，张謇还想办大生四厂、五厂、六厂、七厂等，只因国际国内形势发生重大变化而作罢。

办成的几座大生纱厂在当时影响甚大，方显廷先生认为："江苏省在中国棉纺织业界之地位，最占重要，堪与英国棉业中心之兰克夏（Lancashire）比拟。1918年，该省之纺锭占全国所有纺锭的80.32%，即以后他省纺织业逐渐发展，但不能摇动江苏省在中国棉纺织业界之领袖地位。"江苏的棉纺织业又主要集中在上海、通崇海和无锡。"1922年，张謇创办并经营的大生纺织集团的一厂、二厂、三厂的纱锭总数占全国纱锭总数的6.91%。"美国学者武凯芝认为："大生纱厂是第一次世界大战前中国自己创办的最成功的工厂。"

盐垦公司。在大生纱厂步入正轨后，张謇便在江苏东部沿海宽50余公里、南北长350余公里的广袤的盐碱滩涂上大兴垦植公司。

创办通海垦牧公司。1901年，张謇等为大生纱厂原料未雨绸缪而创办。为保证纱厂的原料供应，张謇除丰年囤积棉花外，作出了一个震惊世人的决定，那就是开垦海滩。在荒芜的海滩上围垦造田，将盐碱地种熟后栽种棉花。

"垦无捷利",世人皆知,但张謇决心一搏。在大生纱厂步入正轨之后,张謇便在江苏东部沿海辽阔的荒滩上创办通海垦牧公司。荒滩看似无主,其实不然,张謇花了很长时间才理清土地关系。在取得土地开发权之后,大兴基本建设,在此基础上进行招租,创造了一种新型的租佃关系,探索了独特的农业公司运行模式。张謇与股东相约"10年为期",10年内只分官利(即每年约8%的固定利润),10年之后参与分红。正如张謇所预测的,通海垦牧公司开办10年后利润逐年增长,到张謇去世前的1925年,利润达841375两。张謇可谓是创造了垦牧奇迹。

大办垦植公司。张謇先后创办盐垦公司近20个,创办或参与创办属于大生系统的有:大有晋盐垦公司、大豫盐垦公司、大赉垦牧公司、中孚盐垦公司、遂济盐垦公司、通遂盐垦公司、大丰盐垦公司、大祐盐垦公司、大阜垦植公司、通兴垦植公司、大纲盐垦公司、阜余垦植公司、合德垦植公司、华成盐垦公司、新通盐垦公司、新南垦植公司、泰和盐垦公司、淮丰垦植公司等。除种植高粱、玉米等杂粮及放牧外,年产棉近12万担。这些盐垦公司是我国农业近代化的开始,也是农业公司化的有效尝试。据有关方面统计,江苏1926年种棉面积829万亩,占全国的28%,为全国之最,而张謇创建的垦区棉田占江苏的50%。

大兴盐业改良。他于1903年集资创办了同仁泰盐业

通海垦牧公司第一次股东大会

大赉盐垦公司全体同仁合影

同仁泰盐业公司

公司，亲任总理。以此为平台，拉开了他对于盐业改良的大幕。张謇聘请外国专家，引进先进设备，试验生产精盐。试制的吕四精制盐，先后获多个国际和全国大奖。1906年意大利赛会上获最优等奖牌，1908年荷兰万国展览会上获金质奖章，1910年南洋劝业会上获最优等奖牌，1915年美国旧金山博览会上获特等奖状。吕四盐是中国盐走向世界的开始，也是中国盐首获世界大奖。

工业企业。随着资金的积累和经验的丰富，张謇萌生了办更多企业的想法。在外敌入侵、内政不举、民不聊生的时代，中国的民族工业极其微弱，需兴办的工业企业实在太多。除大生4座纱厂外，张謇以南通为中心创办的工业企业甚多，现列举其中的一部分介绍如下。

广生油厂。1901年创办，利用大生纱厂废料棉籽生产食用油，商标为"棉花树"。棉籽油经过精心提制，堪与豆油、花生油媲美，也有助于解决通海地区人们的食用油问题。

大隆皂厂。1902年创办，既处理了油厂的废料油脂油膏，也为通海民众提供了生活必需品肥皂、蜡烛。

广生油厂厂房

阜生蚕桑染织公司外景

阜生蚕桑公司。1904年创办，原料主要来自大生纱厂及上海，染料则多从德国和美国进口。主要产品为棉织物和丝织物，用"龙门"商标。由于工艺精湛、染色清亮，销路甚广。

资生铁冶厂。1905年创办，所用原料均购自外地及国外，主要生产通海各工厂机器配件、人力轧花车、内河航运小轮及各种小机械。铁厂的开办既解决了机器维修更新难的问题，也提供了通海民众的生活生产用具。

颐生酿造公司。1905年创办于海门长乐镇，利用新垦海滩种高粱、大小麦等进行酿酒，不久即获世界大奖。

颐生罐诘公司。利用吕四渔场海产加工制成罐头。

大昌纸厂。1908年创办，利用大生纱厂下脚飞花造纸，

资生铁冶厂表门

颐生酒获意大利万国博览会金奖奖状

复新面厂表门

大生织物公司

大达公电机碾米公司

通燧火柴公司

给大生纱厂和翰墨林书局提供印刷用纸。

复新面厂。1909年由大兴面厂改组而来，总理张詧、张謇。该厂主要产品为面粉和麸皮，商标为"旭日东升"。面粉不仅供应本地，还大量销往全国各地，部分出口日本。

大生织物公司。1915年注册，主要产品为各种规格的线毯，商标为"金梭"，主要销往外地，在上海、武汉等地设有批发所，获利颇丰。

大达公电机碾米公司。张詧创办于1916年，利用大生纱厂多余电力为客户碾米。

通燧火柴公司。张謇以2万元投资于杨德清1915年所办火柴厂，使该厂起死回生。1917年制造梗木，1920年生产火柴。主要利用江堤所种杨柳树加工梗木，生产安全火柴、红头火柴。商标主要有"南通牌""麒麟牌""鲸波牌""山塔牌"等8种，甚是畅销。

电力。主要有：

通明电气公司。1917年创办，张詧、张謇为总理，

通明电气公司

天生港电厂大门

为南通城区居民、店户、机关、学校及工业重镇唐闸提供照明，在通海、垦区多地设有小电厂发电，以供居民使用。

东明电气股份有限公司。1917年，张謇在东台投资创办了东明电气股份有限公司，它是近代民族工业在东台兴起的象征。

天生港电厂。张謇计划建成中国最大之电厂，并为通、如、崇、海等地总发电，但因大生开始衰落，只建成一半。不过，创办发电厂的思路和做法甚为前瞻。

文化产业。主要有：

翰墨林印书局。1903年创办，比中华书局早8年。起初印刷学校书本讲义、企事业账簿等，后来承接报纸、

东方文化符号

翰墨林印书局

女工传习所

更俗剧场

广告等业务，还印刷了大量的图书文献资料，且集编译、印刷、出版发行于一体，组织有序，设备先进，在国内外都有重要影响。自 1903 年开办到 1926 年张謇去世，除开办之初的少数年份略有亏损外，其他年份都有盈余。

中国图书总公司。1906 年在上海集股创办，张謇被推为总理，主要经销图书业务。

女工传习所。1914 年创办，聘请沈寿担任所长，培养了一大批刺绣女工，不仅传承绣艺，同时，走产业化道路，将女工绣品推向市场。在传习所旁设织绣局，在上海设立专门经销绣品的经销处——福寿公司，将女工们的绣品远销到国外。

更俗剧场。1919 年建成，在当时属一流的现代化剧场，不仅建筑设施现代化，管理模式也都是现代化的。更俗剧场既是社会教育的一部分，亦采取文化产业的运行模式。

中国影戏制造股份有限公司。1919 年创办，可谓中国第一个股份制电影公司。公司设于上海，南通设摄影场地，摄制有《张南通游南通新市场》《五山风景》《陈团长阅兵》等多部无声影片，颇具影响。

如此等等，张謇在百年前对文化产业的探索具有重要的现实意义和深远的历史意义。

旅馆业。随着工商业的发达，商旅、游客、参观者甚多，为使客人有一个舒适的休息之处，张謇兴办了多个现代化的旅馆。20 世纪初至 20 年代，张謇创建了南通俱

南通俱乐部

轻便轨道

乐部、有斐旅馆、桃之华旅馆等，集住宿、吃饭、休闲、娱乐、健身于一体，不仅建筑、设施全部是现代化的，而且管理亦是现代化的。正如张謇为有斐旅馆所作对联："请为歌郑风诗，适子之馆，授子之粲；不敢忘鲁论语，观其所由，察其所安。"

交通业。张謇对交通的认识亦甚前瞻，"交通为文明发达之母"，在陆路交通和水上交通等方面都有重大建树。

规划陆路交通。他担任过"中华全国道路建设"名誉会长，对全国道路建设甚为关注；担任苏路公司总经理，对江苏省铁路建设进行规划。南通道路建设也是按他规划的"三干五支"进行修建的，使得闭塞的南通变得四通八达。

公路。在南通"一城三镇"之间修筑了城闸路、城港路、城山路、港闸路，且路路通汽车。1905年修建的港闸公路成为全国最早的公路。在城内亦修筑了多条大马路。

铁路。1921年建成大生三厂至青龙港的铁路，这是中国民族资本经营的第一条近代铁路。

通如海长途汽车公司。1921年，张謇创办后，拥有12客至15客汽车4辆，行驶于南通、海门、如皋、白蒲及垦牧乡之间，且在海门、如皋两地设有分公司。

水上交通。开辟航线，发展客运和货运，主要有：

大达内河轮船公司。1903年，张謇、张詧在唐闸创办，辟有南通至吕四、海安、如皋、泰州、扬州等航线，且在沿途各埠设步局以办理客货运输业务。1905年，大达内河小轮公司兼办海州之商埠码头。1906年，开辟南通至东台、盐城、兴化、邵伯等航线。至1918年，大达内河小轮公司拥有小轮20艘、拖船15艘，内河航线10条，包括南通至苏中苏北各港口，"东到海门，西到如皋、泰兴、泰州，北到东台、兴化、盐城，凡八州县皆一水可通，而天生港适为枢纽之地"。

天生港大达轮步公司。1904年，张謇创办，利用天生港得天独厚的优势，先后建起"通源""通靖"等趸船

大达内河轮船公司

码头，可停靠千吨级船舶。

上海大达轮步公司。1908年，在上海十六铺设立总公司，张謇为总理。在原先开辟南通与上海长江航线的基础上，1910年，大达轮船公司在龙窝老南官河入江口建造大达码头，开辟南通至上游镇江、扬州、南京的长江水上航线。有轮船"大德""大和""大顺""大济""大升""大宁"6艘。

水利。张謇对水利的关注较早，早年随孙云锦、吴长庆当幕僚时就考察过淮河等水患并进行过较多的思考，因而殿试时对关于水利河渠的策问他才会得心应手。中状元之后，除悉心治理淮河之外，在濒江临海的通海大地治水

上海大达轮步公司十六铺码头　　"大德"号轮船

是他不懈的追求。水利工程是他庞大的大生资本集团的题中应有之义，主要从下列几方面看：

培养水利人才。他创办了多个层次的学校，为测绘水利培养专门人才（见教育文化实绩部分）。

创办泽生水利公司。1905年，张謇创办通州泽生水利公司，测量长江与内河水位，疏通江河水道和港湾，建造和管理船闸，修桥造桥，在疏通江河水道和港湾时将其土石用来筑路修路。所有这一切，确保了南通地方之平安，其水利工程在百年后的今天依然发挥着重要的作用。

主持保坍工程。张謇主持保坍、建闸、筑堤、修堤、修涵洞等工程以根治一方水患，聘请多名外国专家对江海河进行测绘并制定合理方案，在南通发起召开国际性水利学术研讨会汇集多方智慧，主持制定《南通水利计划书》，并付诸实施。

泽生水利公司

保坍会办事处

创办水利会。1917年，张詧、张謇共同创办，旨在对本县江海河渠等一切与水利相关的事务进行规划筹谋及组织实施，"致南通年少雨旱之灾，其功不可谓之不伟也"。

通信。主要有：

创办私营大聪电话公司。1913年，张謇集资创办，到1921年，电话用户已近200户。当时全国约有60所电话局，南通便占其一。

成立私营南通实业长途电话公司。1922年，张謇创办，主要经营南通、海门、崇明、如皋4县长途电话业务。

金融。张謇的金融意识萌生得也较早，他办企业、办

大聪电话公司机房

教育、办慈善公益无一不与资金打交道，因此对金融意义的认识也较深刻。创办金融实体，主要体现在：

大生上海事务所。1897年，张謇创办大生纱厂时在设于上海的广丰洋行内附设大生账房，即大生上海公所，为大生纱厂募集资金。随着大生纱厂的发展，大生上海公所的业务范围也不断扩大。1905年，在大生纱厂内设汇兑账房，开展汇兑业务。1907年，大生上海公所改名为大生上海事务所，为大生各企业进行融资，职责范围亦有所扩大。1911年，设大生储蓄账房，从事存取款、支单、钱票等业务，可视作银行之雏形。

淮海实业银行。1920年成立，张謇之子张孝若担任总经理，主要业务是存款、放款、汇兑、贴现、押汇、受抵有价证券及代理南通地方公债等。1921年，淮海实业银行又在海门、扬州、南京、武汉、上海、镇江、苏州等地设立分行，并在各垦区遍设分理处。

棉、纱、证券、杂粮交易所。1921年在南通成立，尽管成立后的营业情况有违张謇的创办初衷，但成立交易所的探索精神和超前意识令人叹服。

培养金融人才。张謇特别注意专门人才的培养，1913年，在其创办的商业学校附设银行专修科，学制为预科一年、本科三年，培养出一大批银行专业人才。

张謇被推选担任金融机构的领导者。1915年，被推选为上海中国银行商股联合会会长，他大胆坚持正确主张，

大生上海事务所

淮海实业银行

南通交易所

有效防止了中国银行的倒闭。1922年,张謇又在交行危难之时接任交行总理。他上任后大刀阔斧地进行改革,同时采取积极有效措施,上任2年即扭亏为盈,使得交行信誉大增。

商业。随着工业企业的发展,商业也随之发展起来,主要情况如下:

通崇海泰总商会。1913年,张謇与张詧等联合南通、如皋、海门、崇明、泰县、东台、泰兴等各县商界而成立,有董事30多人,会址设于南通。几年后新建商会楼宇,建筑规模宏伟壮丽,有房屋百余间,演讲厅可容纳数千人。该会旨在联合各县商业,共同维持推广并相互支持,加强协作。

通崇海泰总商会

农业。农业是张氏兄弟一直关注并通盘考虑的,现举几例:

农会。1912年,张詧在清末农会的基础上设农会事务所,具体办理农会事务。会长由会员选举产生,3年为一届,南通21乡均设有分会。农会每年开一次县农产品评会,同时,办有《农业白话报》,印刷后赠送给农户,普及农业知识,介绍各种信息。

棉业第二试验场。为张謇任农商总长时在南通设立,直辖于农商部。面积约600亩,位于狼山脚下。将国内外优良棉种进行种植、试验、研究,促其进化,使之适合本地气候、温度和土壤。

天生果园。1916年,张謇创办于天生港,果园种有桃树、苹果树、梨树、柿树、枇杷树等。果品除行销本地外,还销往上海、南京等地,颇受欢迎,盈利亦丰。

南通农会表门

张謇、张詧主持露天棉作展览会

就这样，在短短 30 年中，张謇先后创办各类企业数十个。起初，他的想法可能比较简单，主要是解决原料、废料问题，逐步地各企业之间不仅构成了自给自足、自成体系的产业链，且形成了庞大的大生资本集团，在中国近现代史上具有举足轻重的地位。

第三章　政坛叱咤风云

一、勉力东南互保

"东南互保"是中国近代史上的一件奇特的事件,是地方官绅共同策划的违抗朝廷旨意的一件大事。

1900年,在山东一带发生了义和团运动。此时,各国公使准备武力镇压义和团,并且向北京调兵遣将,准备出兵保卫天津租界,慈禧太后以光绪皇帝名义发布宣战上谕。而在中国最富庶的东南地区,英国等军队也在伺机行动。在此情形下,东南绅商们秘密策划如何避免北方战乱波及自身而实现自保之事。

在东南互保酝酿、发起及实施过程中,张謇自任"官民之邮"。他频繁联络、游说朋僚,共同密议策划,或是写信致电,或是穿梭于上海、南京、通州之间,频繁地与地方督抚、东南士绅、文化报人等接触,进行密议、策划,主要包括刘坤一及其相关者,有何嗣焜、沈瑜庆、汤寿潜、陈三立、施炳燮、赵凤昌等。从张謇日记可看出,那段时间，日记主要记述的是与"东南互保"相关的人和事，只是有的记得直接，有的记得含蓄、隐晦而已。

在张謇等人的游说下，刘坤一成功招抚"盐枭"头目、帮会首领、拥有私人武装且人称"徐老虎"的徐宝山，使其不至于对大局形成阻碍。特别是张謇对刘坤一关于东南与西北唇亡齿寒关系的智慧对话，促使刘坤一下定决心投身"东南互保"，最终与有关方面一起订立《东南保护约款》。

从"东南互保"善后处理可看出，朝廷不仅默许了东南互保行为，甚至是赏识的态度，加刘坤一太子太保衔，加张之洞太子少保衔。可见在稳住东南、保住最富庶地区免受影响方面，地方督抚与朝廷并不矛盾。

在东南互保酝酿、商讨及付诸实施的过程中，张謇虽是保住东南事实上的功臣，但他甚为内敛，无意居功，而是将功劳都记到别人头上。刘坤一去世时，张謇撰挽联盛赞他大事不糊涂，说东南半壁因他而幸在，给予刘坤一一生特别是东南互保功绩以礼赞。对朋僚，张謇同样如此。他替汤寿潜写家传，更是将劝刘之功记在汤的头上，说东南互保动议由汤最先提出。不过，张謇在《挽施理卿》词前小序中说出了内幕，"助余为刘决策，尤有功"。这里，张謇一方面高度评价了施，同时道出了施助张謇说服刘坤一最终下定决心的实情。

二、推动君主立宪

中国自古，皇权为大。皇帝主宰国家、主宰一切，说一不二。如果遇上一位有文韬武略的皇帝，则是国家之大幸。如果皇帝缺少治国安邦才略且刚愎自用的话，那么就是国之灾了。

张謇中状元之前，离皇帝和朝廷较远。不过，他对国家的危难、社会的黑暗、官僚体制的专制腐朽体验深刻。他的一些思考或是通过代别人上书，或是通过南清流代表翁同龢得以表达。中状元后情形就不同了，他的状元是皇帝钦点的，作为朝廷命官，他与朝廷的距离变近了。

张謇中状元前后的晚清社会，危机四伏，而朝廷帝后两党斗争仍极为激烈，戊戌变法及戊戌政变可谓达到了白热化，这促使张謇对上层政治格局进行思考。同时，张謇主张实业救国，然从办厂经商的艰难历程中，张謇深感"商之视官，政猛于虎""但有征商之政，少有护商之法"。内忧外患使得张謇深深感到"须亟改革政体"，较为可行的是实行君主立宪。君主立宪是一种国家体制，君主通过宪法来治理国家，而不是君主专制。

1901年，张謇知道朝廷提出"新政"主张时，便深感振奋，赶写了一篇2万多字的长文《变法平议》。看似是赶写，其实也是他一直在思考的问题。

《变法平议》是一篇较为系统的、温和的政治改革方案。他首先列举美、德、日变法之例，说明变革出于"创巨痛深"，变革时间之长，且没有不经过乱的时期，以表明变革之必然及变革须下决心。然后按吏、户、礼、兵、刑、工六部顺序分别列出，计有42项。这个变法纲领，既宏观亦微观，将政治改良之内容、方法、程序等一一道来，有理有据，不能不说是他深思熟虑且与众志同道合者酝酿讨论的结果。当然，这个变法纲领，重在变"法"，而非变"道"。正如张謇所言："道不可变，而法不可不变""法久必弊，弊则变亦变，不变亦变。"这里道出了张謇政治改良的主要主张。中国可以仿照日本明治维新做法，在清政府层面让上层士绅参政议政，设议政院，而在府县层面设议会。《变法平议》可谓是张謇的君主立宪思想主张的雏形。当然，张謇的改革主张并未受到当权者的重视。

1903年，利用参观大阪博览会的机会，张謇还重点考察了日本的政治、教育、实业。他看到了一个明治维新后发展起来的日本，也看到了中国政治改良的方向，更加确信中国应该走日本式的政治改良道路，张謇的君主立宪思想渐趋成熟。

发生在1904年的日俄战争，以小国日本取胜。在张謇看来，日对俄的胜利是立宪国对专制国的胜利，这使张謇深感"立宪救国"之意义。

从写《变法平议》开始直至1911年辛亥革命发生，张謇为君主立宪奔走呼号，成为国内立宪运动的领袖。他通过各种方式宣传、普及君主立宪的思想和主张。

张謇频繁地与友人、同道蒯光典、赵凤昌、沈曾植、魏光焘、张之洞、汤寿潜等讨论立宪事宜，劝说熟人、友人游说朝廷重臣支持立宪，与好友赵凤昌等共同刻印《日本宪法义解》《日本议会史》等分送朝野以扩大影响，与朝廷宠臣铁良深、谈以力促朝廷委派人员出洋考察政治，如此等等。张謇甚至写信给自己曾经鄙视且20年不通音信而此时正担任直隶总督的袁世凯，述说君主立宪的益处，望其大力支持。张謇等立宪派还办报、结社，利用报纸杂志等进行鼓吹，为推动君主立宪摇旗呐喊。

这一切，使得"立宪救亡"的道理为越来越多的人所了解。日俄战争结局也给人们以深刻的教育，连沙俄都宣布立宪了。清政府不得不抱着试试看的态度，考虑立宪问题以尝试进行政治改革。于是，慈禧便让大臣们讨论立宪，派大臣出洋考察宪政，尝试政治制度的改革。清廷于1905年宣布"预备立宪"上谕，1906年颁布预备"仿行宪政"。

张謇率先在苏州成立"江苏立宪学会"并担任会长，在上海成立学术性质的"宪政研究会"。特别是与郑孝胥等在上海成立"预备立宪公会"，先后担任副会长、会长。他们出版刊物，宣传宪政；联络邀请各商会人士，共同研讨编纂保护工商业发展之商法；开办法政讲习所，训练立宪人才。在其影响下，各地纷纷成立预备立宪公会，以推动立宪。

三、发起国会请愿

在君主立宪呼声一浪高过一浪的情形下,清政府于1906年9月1日颁发仿行宪政之上谕,宣布预备立宪。1907年10月正式下旨筹设咨议局。

张謇真诚地响应,着手筹办江苏咨议局。他派设计师孙支夏到日本学习议会大厦的设计,给咨议局办公大楼选址,在南京建起江苏咨议局大楼。江苏咨议局后来成为中华民国临时政府参议院所在地,孙中山被选为临时大总统就是在此进行的,其后又成为中国国民党中央党部所在地,

江苏咨议局

2001 年被列为全国重点文物保护单位。

1908 年 8 月，清政府颁布《钦定宪法大纲》及《逐年筹备事宜清单》等一系列有关宪政的文件，确定 1916 年正式召开国会，实行宪政。这使得立宪派人士既欣慰又不满，虽说朝廷向政治改革方向跨了一步，但这一步跨得未免太小了，要在 9 年后才开国会。于是，张謇在领导江苏咨议局与两江总督张人骏等官僚进行博弈争取咨议局地位的同时，又展开了联合各省咨议局举行请开国会请愿的运动。近代史上著名的三次请开国会大请愿运动便由此展开了。

张謇以江苏咨议局为平台，1909 年 10 月，他一方面游说动员江苏巡抚瑞澂，请其联合各省督抚要求迅速组织责任内阁，而自己则联合各省咨议局提请朝廷速开国会。作为江苏咨议局议长的张謇发起各省咨议局组织咨议局联合大会，立即得到热烈响应。经过一个多月的联络活动，16 个省的咨议局代表于 12 月 18 日到达上海，成立咨议局联合大会，共同商讨请愿速开国会之事。最终成立了由各省代表组成的请愿代表团，决定不日北上请愿。

张謇分别以预备立宪公会、江苏咨议局研究会等名义宴请各省议员代表，且发表《请速开国会建设责任内阁以图补救意见书》。该意见书情真意切、情理交融，从列强瓜分中国谈起，将国家的危急娓娓道来，最后落脚到只有速开国会，组织责任内阁，方可全国上下一心以共同抵御外侮。否则，将使得爱国者灰心，人心殆失。上海会议决定成立国会请愿同志会。张謇为16省议员代表饯行时发表演讲，认为立宪之国应该有国会，为开国会人民甚至以命相拼，足见其迫切和诚意。就中国之现状而言，朝廷若应请开国会则是国家之福；但如不得请，则请愿会一直进行下去。在演讲中，张謇为请愿定下的基调及方针是和平请愿，不成不收兵。

1909年年底开始，轰轰烈烈的请开国会运动序幕拉开了。

第一次请开国会大请愿。1910年1月，请愿代表团齐到北京，向都察院呈递了速开国会请愿书。然而，第一次请愿非但未能得到清政府的重视，反而遭到其训斥。这不仅使代表团愤慨，也使更多关心国家政治改革的人们感到义愤。在此情形下，第二次请开国会大请愿随即就着手酝酿了。

第二次请开国会大请愿。在第一次请愿的半年后，代表团成员增加至80多人，带来10多封请愿书，包括各省咨议局、学界、商界、绅界，以预备立宪公会为首的各政团、华侨及旗人，且有30万人的签名，声势浩大。代表团又一次到了北京，齐集都察院，但又遭到拒绝。张謇也再次向摄政王上书，强调速开国会的重要性及必要性，但亦未被重视。于是，第三次最大规模的请开国会大请愿运动又爆发了。

第三次请开国会大请愿。1910年8月，先是在北京正式成立各省咨议局联合会，成为领导全国立宪运动的统一机构。张謇虽未列名参加此联合会，但做了大量的幕后工作。鉴于第二次请愿时朝廷令"不得再请"之情形，张謇谋划组成各省咨议局议长请愿团赴京，以展现"请愿之新面目"。同时，以张謇为议长的江苏咨议局对各省咨议局联合会具有很好的呼应支持。第三次请愿更是声势浩大，且多层面展开。先是各省举行千万民众的游行活动，并带着数十万甚至上百万民众的签名向各省督抚请愿；然后，各省代表带着本地各阶层人士的签名，分批到京请愿。同时，多方上书，包括上书给摄政王、都察院及资政院等。

在如此声势浩大的请愿运动驱使下，清廷终于不得不做出让步，摄政王载沣宣布将原定开国会的时间提前3年，原本准备1916年开国会，现提前到1913年开设议院，在开国会前厘定官制，且预行组织内阁。

这个结果显然离立宪派人士的初衷仍有较大距离，有人认为还应继续组织请愿。但是，张謇认为朝廷迈出这一步已经不易，再请愿不可能会有新的收获了。

清廷的让步只是迫不得已，后来宣布的责任内阁即可看出其改革的决心并不大，迈出的步子太小。1911年5月8日，朝廷公布内阁成员共13人，满族9人（其中皇族7人）、汉族4人。这个典型的皇族内阁令全国哗然，立宪派更是深失所望。立宪派期望速开国会，朝廷勉强提到6年后；而千呼万唤的责任内阁，竟然又是皇族内阁。

当然，朝廷从反对开国会到同意开国会，这毕竟是一个重大变化，从某种意义上说，应该是张謇等立宪派的一种胜利。那样一个故步自封的朝廷在立宪的声浪中也不得不顺应时势、做出姿态，这毕竟可视作清廷在改革道路上迈出的一步。

但是，这一步迈得未免太小、太晚，民心已失。立宪派不满意，革命派更是不可能接受。在立宪派为请开国会而掀起大请愿运动、清廷磨磨蹭蹭被动应付之时，革命派的武装起义正如火如荼、此起彼伏。尽管起义屡遭挫折，但革命志士前仆后继，不折不挠，终于爆发了武昌起义。革命者一呼百应，一夜之间占领了武昌城，三天之内占据了武汉三镇，革命之火焰迅速向全国各地蔓延。

武昌起义后，各省纷纷宣布独立，脱离清政府。此结果实为清政府咎由自取，固然与革命派多年的宣传、发动，多年的起义影响分不开，同时也与张謇等立宪派多年的奔走呼号相联系，与立宪派人士掌控的各省咨议局的附和分不开。张謇等立宪派不是革命的发动者，但他们的种种努力客观上为革命的实现奠定了基础。张謇等人10多年对君主立宪的鼓吹扩大了社会影响，触痛了神圣不可侵犯的皇权，客观上推动了人们的思想解放。张謇等人千呼万唤的责任内阁被异化为皇族内阁，这便成了革命的重要口实，客观上为革命的爆发提供了推助器。张謇等立宪派在领导咨议局争取权益过程中揭露的政治落后、官场腐败等亦给革命注入了兴奋剂，客观上也助燃了革命的烈焰。曾为袁世凯幕僚的张一麐认为："辛亥革命，皆以咨议局为发端。"

四、兴起立法高潮

辛亥革命之火快速燎原，各地纷纷宣布独立，脱离清政府统治。和平光复使得张謇对革命有了新的认识：原来革命也可以不流血，也可以不对工商业形成破坏。大势所趋，张謇顺应了历史潮流，最终转而赞同民主共和。

张謇的转变是真诚的。为纪念民国诞生，他自撰嵌名春联"民时夏正月，国运汉元年"，可见其喜悦与期待。南北议和期间，有人认为人民启蒙程度不够、土地太辽阔，不宜共和，宜君主立宪，张謇都曾撰文进行说服。

张謇虽不赞同以武力方式推翻政府，但赞同革命派发展实业、富国强兵的主张。因而，同盟会会员有难，张謇出手相救。黄兴赞誉他"负国人之众望，往时缔造共和，殚尽心力"，黄炎培视他为挚友，革命者办的《民吁日报》称他为"伟大之人物"。

中华民国临时政府成立时，临时大总统孙中山任命张謇为实业总长。此时的临时政府内外交困，局势极为不稳。新政府经费没有着落，且百废待举，更为重要的是：皇帝还在皇宫，形成南北对峙局面。如果不能使清帝退位、结束南北纷争，那么执掌全国政权便无从谈起；如果不能解决经费的燃眉之急，那么新政权便难以为继。

在革命派取得半壁江山时，南北对峙，相持不下。张謇认为，如果不迅速结束南北纷争，发展工商业便无从谈起，国外势力亦会介入，中国前途岌岌可危。于是，张謇主动担当起"南北之邮"，多次以中间人身份，约北方代表唐绍仪、南方代表伍廷芳及黄兴等进行商谈。

此时握有军权、正骑墙观望的袁世凯显得举足轻重。他拥有政治经验及军事实力，因而被普遍看好。时人认为："项城赞成共和，则兵弭而中国可以不亡；项城若效忠清廷，则祸结而中国必无幸存。"孙中山认为袁世凯为有力量之人，善驾政局；黄兴视他为"中国之华盛顿、拿破仑"；张謇认为能使清帝退位的最佳人选当属袁世凯。他虽曾为袁世凯老师，但与袁断交二三十年，鄙视袁世凯的人品，但器重其能力。辛亥革命前夕，张謇与袁世凯有番交谈，道故论时，张謇感到其大有长进，见识"远在碌碌诸公之上"。

在张謇等人的斡旋下，袁世凯表示拥护共和，愿促清帝退位。一般认为，清帝逊位诏书亦出自张謇之手，尽管张謇并未正面承认过。300多字的逊位诏书得到各方的赞同，时人认为真乃大手笔也。

张謇任职于新生民国，并力解临时政府燃眉之急。临时政府组成采取比较折中的办法，革命派人士与立宪派人士均于政府任职，采取"部长取其名，次长取其实"的办法。部长一般由立宪派人士担任，主要是挂名；次长一般由革命派人士担任，掌有实权。孙中山任命张謇为实业总长，尽管总长只是"取其名"，并非一定要谋事，但张謇却不愿做摆设。当时顷刻间的成功，使得革命党人几乎没有心理准备，更缺少经济实力做后盾，经费问题迫在眉睫，不解决好，新生政权难以为继。为此，孙中山、黄兴已费心尽力。张謇认为新政府每年经费缺口至少8000万两，他便以自己的企业做抵押，先后筹款百万元，缓解了临时政府经费的燃眉之急。

任农商总长时的张謇

张謇在实业总长位置几十天便辞职,其直接原因是汉冶萍事件。即是否与日本合资,张謇与孙中山、黄兴之间意见相左。孙、黄为解临时政府资金之急,期从日本借到500万元,但张謇坚决反对。认为与别国合资可,而与日本则不可;与别的公司合资行,而与汉冶萍则不行。但张謇的意见未能被孙、黄采纳,于是张謇以此为理由提出辞职,说自己作为实业总长,中外合作之事,事前不能参与,事后不能补救,是自己失职,因此,自己弹劾自己,引咎辞职。孙中山虽一再挽留,但张謇态度颇坚。

袁世凯担任总统后,聘请张謇出任工商总长兼农林总长。在再三敦请下,1913年10月,张謇到达北京,加入由熊希龄组阁的时人所谓的"名流内阁"。

张謇到任后立即着手改革,将工商、农林两部并为一部,合并机构,裁减冗员。同时,连续发表《对于工商部务的政见》《实业政见宣言说》《宣布就任时之政策》等重要的施政宣言,充分体现了张謇的改革思路及经济政见。张謇的施政方针概括起来主要有以下三项内容:

第一,鼓励私人资本主义发展,搞好宏观经济调控。张謇认为,中国实业振兴的关键在于私人资本主义的大力发展,国家只需经营一些有关国计民生而私人又无力承担的"一二大宗实业,如丝、茶、改良制造之类",其余均应放手让民间自办。由于民间资本的幼稚,国家急需采取保护、鼓励、规范等措施,具体说当是"乞灵于法律""求助于金融""注意于税则""致力于奖助",法律、金融、税则、奖助四种重要手段对现代经济发展有着不可或缺的规范、调节作用。

第二,强调"棉铁主义"的一贯主张。张謇以为在庞大的经济系统中,首先要优先发展与国计民生关系最为密切同时又是漏卮最大的两个龙头产业——轻工棉纺业和重工钢铁业。鉴于当时中国的基本情况,投资少、见效快、需求广的棉纺业更应成为重中之重。

第三,开放市场,引进外资。中国实业发展遇到的巨大问题是资金匮乏,这使许多设想、计划流于空谈,无法付诸实施。为此,张謇主张只要条约正当、权限分明,便可大胆地引进外资,解决国内资金设备技术诸方面短缺的问题。他在《实业政见宣言书》中说:"农林工商部第一计划,即在立法。"有法可依了,引进的外资才能得到约束。

在不长的时间内,张謇主持制定或修正了一系列的法律法规。如《公司条例》,比之前清廷颁行的商律增多了300多条,从立法角度而言,这是近代中国第一部颇具分量的公司法。此外,还有《国币法》《矿业条例》《矿区税则》《商人通例施行细则》《公司条例施行细则》《商业注册规则》《公司注册规则》《劝业银行草约》《狩猎法》《商会法》《垦荒暂行条例》等。张謇任职期间公布的法律总计有20余种,涉及工矿业、商业、银行金融、农林牧副渔等各个实业领域。这些可以说是将立宪运动中实业家们逐渐强烈的立法需求变成了现实。

当然,许多法令在当时历史条件下很难真正实施,但该阶段经济立法的若干开创性工作,填补了农工商业立法的空白,为今后中国市场经济逐步走向法治化提供了良好的基础,亦可视为开以法治国之先河。

张謇曾总结自己担任农商总长的业绩时说:"首订法律,次事查勘,次设劝业银行。"又说:"默计部绩,内不过条例,外不过验场。"应该说这些工作仅仅是张謇施展宏图的开端,张謇的理想更多更大,但当时中国的客观环境,无法让张謇充分实现理想,袁氏政权正在为集权而全力以赴,根本无暇顾及张謇的所思所想所虑。

规劝袁世凯,唾弃其称帝。武昌起义后,张謇致电袁世凯,规劝袁世凯顺应潮流以拥护民主共和。在得知袁氏复辟倾向时,张謇一再写信劝说。然而,袁世凯利令智昏,非但不听劝阻,反而变本加厉,在复辟帝制的道路上越走越远。他撤销国务院,与日本签订卖国的"二十一条"。张謇在再三劝阻无效的情况下,深感"国民实业前途,茫无方向",便坚决辞去农商总长职务。得知袁改元洪宪时,张謇更是愤然唾弃:"叛迹益露矣。"袁世凯被迫取消帝制后想再邀张謇北上,被其断然拒绝。在听到袁世凯的死讯后,张謇在日记中叹道:"三十年更事之才,三千年来未有之会,可以成第一流人,而卒败群小之手。谓天之训迪吾民乎?抑人之自为而已。"

上述可知，张謇与辛亥革命之间有着千丝万缕的联系。他呼吁改革政体，力促君主立宪，发动三次国会大请愿，领导咨议局争取民主权益，这些从客观上推进了革命的进程，助燃了革命的烈焰。特别是他在转向民主共和后，为各地独立、南北议和、清帝退位、民国成立及运行、政治改革等不遗余力，立下了汗马功劳。

第四章　教育文化实绩

一、前瞻的教育思想

张謇是近代中国著名的教育家，他的教育思想不仅丰富、前瞻，且成体系。

"教育救国。"这是张謇办教育的初衷，他说"救亡之策，莫急于教育""图存救亡，舍教育无由"。这方面的论述很多，也是他创办各级各类学校的根本出发点。他认为教育可以"开民智，明公理""非人民有知识，必不足以自强"。他还断言："有礼教有学问之国，即亡亦必能复兴。"教育不施，则民智不开；教育不强，则国家不强。

"教育强国。"张謇认为"一国之强，基于教育"，"今求国之强，当先教育""人皆知外洋各国之强由于兵，而不知外洋之强由于学。夫立国由于人才，人才出于立学；此古今中外不易之理"。为什么教育能强国？张謇认为"夫世界今日之竞争，农工商之竞争也；农工商之竞争，学问之竞争也"，日本由小国而跻身强大，主要是重视实业，兴工学。"苟欲兴工，必先兴学"，立国由于人才，人才出于立学，此古今中外不易之理。要注重培养各行各业的专业技术人才，要"以开农智、兴工业、通商利为宗旨"，以适应各行各业发展的需要。"执笔论事而悔读书之少，临事需人而悔储才之迟，举世所闻，余尤引疚。"因而要大办教育，培养人才，并且储备一定的人才。

"普及教育。"张謇认为"窃维自治之本在兴学，兴学之效在普及""洗国耻，必先开民智；而要开民智，必须普及国民之教育，尤其要重视贫民教育"。要普及，不仅是青少年要接受教育，还要特别重视普通老百姓的教育，广大的官吏也必须受教育，同时弱势群体亦不能遗漏。在张謇的思想里，人人都要学知识、有文化，只有这样才能在全国上下形成一个热爱国家、学习钻研科学文化和专业知识而又有忧患意识的氛围，国家也才能真正有希望。

普及教育要讲究方式方法，视其情况区别对待。他说："各省风气不一，内地民智未开，苟非强迫，诚难普及。"当然，强迫不是最终的办法，最终还是要让教育成为国民的自觉行动。张謇强调把强迫与开导结合起来，让人民真正明白为什么要读书学习，说到底是为了救国强国。

"循序渐进"。先办师范，而后小学，再中学、大学。他说："师范为教育之母""一艺之末，学必有师，此古今中外之通义也，况图国家强立之基，肇国民普及之教育乎？""欲雪其耻而不讲求学问则无资，欲求学问而不求普及国民之教育则无与,欲教育普及国民而不求师则无导。故立学校须从小学始,尤须先从师范始""师范则普及根源,教育本位""凡事须由根本做起,未设小学,先设大学是谓无本。"这些是张謇的一贯主张。

"父教育而母实业。"这是张謇的名言,"父教育而母实业,以实业养教育,以教育促实业。实业与教育迭相为用。"这里其实是说了几层意思:一是实业与教育同等重要,不分彼此,就像父亲和母亲;二是说明了两者之间的关系密不可分;第三,教育和实业如一定要排序的话,教育第一位。"实业与教育迭相为用"就是强调两者的关系,"有实业而无教育,则业不昌;不广实业,则学又不昌"。这就是张謇以实业养教育、再以教育促实业的思想。

"学以致用。"让学生学有用的知识,"学必期于用,用必适于地",所培养的人才一定是派得上用场的,一定是能够为地方建设服务的。这里其实也提出了教育与实践相结合、教育为社会服务的教育思想。

"德智体群。""德智体"与今天所说差不多;"群"即合群,意即心理要健康,要有协作精神、团队意识、集体意识。关于德智体,张謇还有一个表达:"国家思想,实业知识,武备精神。"意即让国人理解国家意志,有爱国思想;有科学知识和专业知识,做实业的行家里手;有抵御外侮的勇气和决心,有健壮的体魄,忧国忧民。张謇还认为教育要谋求人的全面发展,需要从娃娃抓起,"谋体育、德育、智育之本，基于蒙养"。

"道德优美，学术纯粹。"这是张謇的人才标准，意即道德高尚，学术精湛，又红又专。"道德优美"的标准固然包括很多方面："勤勉节俭，任劳耐苦诸美德，是成功之不二法门""服劳耐苦，尤为必不可缺之美德""坚苦自立"，坚强、肯吃苦、自强自立；"诸生须知成大事业，必须从艰苦得来"。张謇将勤勉节俭、任劳耐苦诸美德常作为校训，让师生共勉，如商校校训："忠信，持之以诚；勤俭，行之如恕。""学术纯粹"，就是说学术要精，要融通古今、学贯中西，达到精湛纯熟、精深广博的境界。张謇认为，道德美、学术精，这样的人"毕业后，总期无负所学，有所贡献社会"。要又红又专，而两者谁更为重要呢？"首重道德，次则学术。学术不可不精，而道德尤不可不讲"。

"厚养志气。"张謇希望师生要立远大志向，要有责任担当，为国家为社会而立志成才。"中国今日国衰弱势极矣，诸君诸君，须是将天下一家，中国一人，民吾同胞，物吾与也之道理，人人胸中各自理会，须是将先知觉后知，先觉觉后觉之责任，人人肩上各自担起。"他希望师生培养好的习惯，以用功学习为当务之急，发愤用功，努力学问，厚养志气，以待为国雪耻，"不与世界腐败顽劣之人争闲气，而力求与古今上下圣贤豪杰之人争志气"。志气不仅对一个人很重要，且对一个国家也很重要，"且制度之优劣,犹外物也,根本仍在人之立志"。这里,张謇其实是想表明一个人内心的立志与否是多么的重要,正所谓外因是变化的条件,内因是变化的依据。

二、完整的近代教育体系

张謇一生创办、参与创办或影响下各级各类学校数百所,创办的近代学校之多、门类之广、筹措经费方法之活在近代中国可谓首屈一指。他不仅是近代民族工业的开路先锋,亦是创办近代新式教育的开路先锋。

张謇创办了一个完整的近代教育体系,包括普通教育、师范教育、职业教育、特殊教育、女子教育、社会教育乃至慈善教育。

普通教育方面,包含了基础教育、中等教育、高等教育。

基础教育,涵盖了学前、初级小学、高级小学等。

幼稚园,亦即今天所说的学前教育。20世纪20年代初,南通城就有4所幼稚园,"亦举国所难靚也"。4所幼稚园中的3所为张氏家人所创办。第一幼稚园系1913年张謇尊其夫人徐氏遗愿创办于唐闸,第二幼稚园由张詧夫人杨氏于1917年创办于南通城内,第三幼稚园由张謇夫人吴氏于1920年创办于南通城南。幼稚园入园年龄为4—7岁,上课时间视天气及儿童兴趣,一般不超过25分钟,园内教室、宿舍、运动场及各类玩具一应俱全。保育事项主要有:游戏、唱歌、谈话、手技、图画、识字、识数7门。

创办幼稚园之宗旨:"盖以康健儿童之身体,即所以强国也;规正儿童之心性行仪,即所以改良社会也。"

小学。为了更好地办中学,张謇先规划制定小学办学方案。以本州1万平方里计算,起初准备建初级小学400所,按每纵横25平方里办一校计算,需办400所初级小学,最远的学童每天上学就需走5千米路。张謇后来在一个小雨天走了5千米路后,深感不容易,特别是乡间小路,下雨天泥泞不堪,一个学童走这么多路太辛苦。因此,张謇将其改为每16平方里设一初级小学,这样,本州须设600所初级小学,而每6所初级小学应设1所高级小学。张謇在垦区每4平方里就建有一所小学。至1922年,"南通以一弹丸之县,竟有高级小学60余所、初级小学350余所,其设备之周,计划之详,办理之精善,索诸全国,亦不多觏也"。现在,南通著名的小学如通师一附、通师二附、实验小学等,其前身都是张謇当年亲手创办的。现稍作详述如下。

通州民立师范学校附属小学。张謇创办于1906年,他亲题校训"爱日爱群爱亲爱己",并亲撰校歌。学校特别重视学生的养性和操行,每天上午第一节课预备钟后,学生需闭目静坐,默想名人名言5分钟;同时,对每人每天的操行都有专门的记载。后来,该校几易其名。1958年,通师和女师合并后,定名为"南通师范学校第一附属小学",沿用至今。通师一附是全国最早的师范附属小学之一。

张 謇

第一幼稚园

第二幼稚园

第三幼稚园

通州民立师范学校附属小学校训

女子师范附属小学

女子师范附属小学。系张謇与三兄在创办女子师范学校后创办的。该校自创办后，几易其名，抗战期间因南通沦陷而停办几年。1958年，通师和女师合并后，学校改名为"南通师范学校第二附属小学"。通师二附亦是全国最早的师范附属小学之一。

通州公立第一高等小学。1902年，张謇与范当世、张师江、孙宝书等议建通州高等小学。1903年开建，1904年建成，定名为通州公立第一高等小学。该校自创办后名称亦有多次更改，至1953年改为"南通市实验小学"，沿用至今。

110多年来，从通师一附、通师二附、南通市实验小学走出了大批的科学家、文学家、艺术家、教育家、政要，各行各业的专家、学者等建设者数不胜数。

中等教育。既有中学，亦有中等技术学校。现举几例：

通海五属公立中学堂。1906年，张謇邀40多名通海五属官绅筹办，1909年开始招生。其后，校名几次更改，1949年10月，学校改名为"江苏省南通中学"，延续至今。学校将张謇所题"诚恒"作为校训，意即：诚以立命，恒以守常。民国初年，时任教育总长的蔡元培为该校屡次在江苏省立学校联合运动会上取得佳绩的运动健儿题词：

通海五属公立中学堂

"积健为雄。"学校聘请大量国内及日本、美国名师前来执教，同时，十分重视学生健全人格的培养，重视英语教学及文体等各项活动。后来，从该校走出了 20 多名两院院士，走出了众多的科学家、艺术家、文学家、企业家、世界冠军等各行各业的杰出人才。

南通甲种商业学校。1912 年，张謇创办，起初叫乙种商业学校。张謇亲题校训："忠信持之以诚，勤俭行之以恕。"学校除重视专业知识、文化知识外，还特别重视英语教学，配有来自美国的英语教师。后改名为甲种商业学校，1989 年改为南通启秀中学。学校培养了数万名优秀人才，其中不乏国家及地方领导人、两院院士、科学家、文学家、企业家等各行各业的专家、学者等建设者。

私立敬孺初级中学。1919 年，张謇三兄张詧利用其

甲种商业学校

私立敬孺高等小学校

次子张敬孺的 2 万余银圆遗资进行创办，地点设在唐闸。初创时校名为"私立敬孺高等小学校"，创办几年后更名为"私立敬孺初级中学"；抗战胜利后更名为"南通私立实业敬孺中学"，成为完全中学；1956 年变私立为公立，定名为"南通市第二中学"。百年来，南通二中在"笃实"校训引领下，培养了院士、政要、体坛名将、学者、劳模、高管精英等众多的建设者。

江苏公立南菁学校。发源于 1882 年江苏学政黄体芳在左宗棠的协助下创建的南菁书院，位于江阴市。1912 年，南菁书院更名为江苏公立南菁学校，张謇担任第一任校董会主席，亲题校训"忠恕勤俭"，并进一步解释说："忠恕为处人应事之方，勤俭为立名成业之本。"其后，校名仍有多次变化，1958年更名为江苏省南菁高级中学。100多年来，南菁英才辈出，走出了7名两院院士，培养了27000余名专家、学者等建设者。

高等教育。张謇亲自创办了多所大学，如南通农科大学（今属扬州大学）、南通医学专门学校（今属南通大学、苏州大学）、南通纺织专门学校（今属南通大学、东华大学）、南京河海工程专门学校（今属河海大学）、吴淞商船学校（今属上海海事大学）、上海高等实业学堂船政科（今属大连海事大学）、江苏水产学校（今属上海海洋大学）等。现举几例：

私立南通农科大学。早在1902年，张謇就准备筹设通海垦区农学堂，以培养农垦事业人才。1906年，在通州师范附设农科，不久，农科又脱离师范而独立。1909年，改名为初等农业学校。1919年，升格为私立南通农科大学，张詧、张謇担任校长，张孝若任视察员。张謇亲题校训："勤苦俭朴。"该校教授"大半为美国康乃尔大学农科毕业，研究既富，办事亦热心者"。学校采用欧美农科大学新学制，重视理论知识与生产实践的有机结合，尤其重视学生动手能力和自我管理能力的培养，在植棉试验与培育方面成绩突出。特别是与金陵大学、东南大学农科联合，共同致力于中国东南部农业的改良。兴办农科大学是中国农业发展史也是中国教育发展史上的创举，学校培养了一批又一批具有科学知识和专业技术的实用型人才，这些人

学生实习

才在推动中国农业早期现代化进程方面发挥了重要作用。

私立南通医学专门学校。1912年3月，张謇与三兄张詧以私资创办私立南通医学专门学校，张詧、张謇任校长，张孝若为视察员。张謇亲题校训："祈通中西，以宏慈善。"医校先设西医科，后又增设中医科，课程方面基本仿效日本模式。除主要开设医学课程外，还开设了修身、医德等课程。张謇重视师资，所聘教员或者是留学回国学有专长者，或者是有发展潜力的优秀毕业生送往国外深造回国者。医校还特别注重实践教学环节，张謇认为："将欲行之，必先习之，有课本之学习，必应有实地之经验。"为使医学生有实践场所，张氏兄弟在办医校第二年便出资创办医院，初名南通医院，后改为附属医院，张詧、张謇

祈通中西 以宏慈善

民国三年十二月 张謇书训

暨校

医学专门学校校训

医学专门学校男生校舍

医学专门学校女生校舍

亲任院长，医学生三、四年级时每天上午轮流到医院实习。当时，由毕业于日本千叶医校、被张謇委任院事的熊辅龙（省之）做了南通历史上破天荒的尸体解剖示教，成为轰动一时的重大新闻。学校还特别重视培养学生的自我管理能力，设有学生会，自治管理有关学生事务。张謇兄弟创办的私立南通医学专门学校，是我国最早创办的高等医学院校之一。百余年来，为国家培养了大量医学专门人才，有些还成为全国乃至世界的顶级专家，为医疗事业做出了突出的贡献。

南通私立纺织专门学校。1912年4月，张謇与张詧在大生一厂创办纺织染传习所，随后着手在大生一厂隔壁建南通私立纺织专门学校，不久落成。张謇任校长，张孝若为视察员。张謇亲题校训"忠实不欺，力求精进"，并主持制定各种规章制度。办纺织学校，国内此前未有先例，张謇着手引进高水平教师，特别是引进多名日、英、美、法等国相关专业毕业回国的高层次人才，且将引进与自主培养结合起来。张謇重视学生所学课程，他借鉴美国纺织大学模式，自己亲自主持设置课程，第一年以基础课、理论课为主，第二年以基础课、理论课加专业课为主，第三年以专业课为主，第四年以专业课加实习课为主。还安排了大量人文社科课程，如国文、伦理、英语、体操等，四年都开有伦理课程，三年都开有体操课程，两年都开有国文课程。同时，张謇还不时邀请国内外名家来校做讲座，

纺织专门学校
表门及足球队

纺织专门学校
校训

纺织专门学校
图书馆

让师生开阔视野，感知世界科技发展前沿。他还特别重视学用结合，学生到工厂参观、见习、实习、实验等都占有相当多的时间。学生动手能力强，通过潜心研究发明了量布表，"不但中国前此无有所闻，即工业最发达之欧美各国，亦无有是器也"。南通纺织专门学校不仅为本地且为全国各大纺织企业培养了大量专业技术人才和管理人才，为中国纺织事业培养了大批高级专家和管理者，成为"中国纺织工程师的摇篮"。

张謇去世后，其子张孝若于1927年将私立南通医学专门学校改组为私立南通医科大学，将南通私立纺织专门学校改组为私立南通纺织大学。1928年，张孝若又将私立南通农科大学、私立南通医科大学、私立南通纺织大学合并组建为私立南通大学，1930年改称私立南通学院，分为农、医、纺三科。后因抗战爆发，办学情况有所变化。1952年，全国大专院校调整时，三科均有变化。南通学院农科迁往扬州，改为苏北农学院。南通学院纺科迁往上海，组建华东纺织工学院（即现在的东华大学）；1978年南通恢复重建南通纺织专科学校，1985年经国务院批准建立南通纺织工学院。医科则改为公立，定名为苏北医学院；1956年更名为南通医学院；1957年7月迁往苏州，改为苏州医学院；1958年，南通分部改建为南通医学院。2004年南通医学院、南通工学院、南通师范学院合并重新组建为南通大学。

河海工程专门学校。为培养水利人才，张謇在南京创办了河海工程专门学校。1915年3月正式开学，招收中学毕业生80人，多用美国教材。学校以德才兼备为宗旨，注重学生思想道德，以养成高尚之人格；注重学生身体之健康，以养成勤勉耐劳之习惯；教授河海工程必需之学理技术，注重自学辅导，实地练习，以养成切实应用之智识。张謇聘请多名欧美著名大学学成回国专门人才及国内科技界、水利界的著名专家学者前来任教，如李仪祉、茅以升等。学校重视学生专业知识的深厚和广博，学用结合，经常组织学生到水利现场参观、调查、实习，甚至组织学生到抗洪第一线救灾，以培养、锻炼学生实际工作能力和吃苦耐劳精神，学生的学习研究成果常常刊登于校刊。学校还专门设有进德部和体育部，以利加强学生的品德养成教育和身心健康引领。学校名称及学制后来变更过多次，至1985年定名为河海大学。河海工程专门学校前10届毕业生中，就有党的早期领导人、两院院士等，而更多的则成为著名水利专家和水利高层管理者。河海的办学成效吸引了大量欧美专家学者前来参观考察，他们无不为当年这座世界上绝无仅有的水利工程大学而惊叹。"河海工程专门学校是我国历史上第一所培养水利技术专门人才的高等学府，也是辛亥革命后南京地区第一所招生开课的高校，至今仍为我国唯一以水利为特色的全国重点大学——河海大学近百年办学历史的肇始"。

如今，中国多所百年以上的名牌大学的创办或运行与张謇有关，如当年的京师大学堂（今北京大学）、三江师范学堂、震旦学院和复旦公学（今复旦大学）、同济大学、中国公学等。其中，1902年筹办的三江师范学堂是清末倡导新教育后规模最大、设计最新的一所师范学堂，亦是中国近代设立最早的师范学校之一，它也成为当今9所大学的源头，即：南京大学、东南大学、南京师范大学、河海大学、南京农业大学、南京林业大学、南京工业大学、江南大学、江苏大学。这些与张謇有关的大学，有的是他参与创办的，有的是在他的呼吁下创办的，有的是在他支持下创办的，有的是在办不下去的时候他支持继续办下去的。

师范教育。张謇本着学必有师之识，创办了多所师范学校，如通州师范学校、通州女子师范、盲哑师范、母里师范、两淮寻常师范、甲种师范讲习所、乙种小学教员讲习所等师范学校。其中，通州师范学校、通州女子师范学校成为今天南通高等师范专科学校的主要源头。

通州民立师范学校。1902年，张謇在南通创办，他亲题校训"坚苦自立、忠实不欺"，并亲写校歌，主题句"民智兮国牢"令人荡气回肠。学校聘请名师教学，曾先后聘请8名日籍教师及国学大师王国维、绘画大师陈师曾、教育家江谦等任教。生源以通海及本省各地居多，亦有部分来自山西、陕西、甘肃、江西、安徽、湖南等省。学校注

通州师范学校校训

通州师范学校校门

重学生的自主性学习,"养成自动之能力",教学多采取课前重预习、课堂重问答和讨论的教学方法。学校还特别重视学生的全面发展,经常请专家前来作讲座,辟有优越的试验和实习场所,重视学生的身心健康,对课外运动表现突出者给予奖励等。由于办学成就显著，学校多次获得学部及有关方面的奖励。该校 110 多年来为国家培养了大批杰出人才，包括院士及各类科学家、教育家、文学家、艺术家、政要等。通州师范学校"是我国第一所独立设置的师范学校，与南洋公学附设师范院、京师大学堂附设师范斋一同被公认为中国师范教育肇始的三大源头，因而在中国近代教育史上具有重要的地位"。

私立女子师范学校。1906 年，本着"女子教育不可无师，与国民教育尤须有母"之初心，张詧、张謇兄弟等共同创办了私立女子师范学校，后更名县立女子师范学校、省立女子师范学校，主要培养小学、幼儿园师资。张詧任总理，张謇任协理，聘近代著名女诗人、桐城派文学家姚鼐后裔、近代著名文学家范当世夫人范姚蕴素任校长。张謇亲题校训"服习家政，勤俭温和"，并亲写校歌"女子有学兮邦家兴隆"。通州生源占五分之二，其余皆为本省各地区及浙江、江西、安徽等省者。学生社团组织颇为活跃，有校级同学会、各级级会、文艺研究会、数理研究会、家事研究会、新剧团、音乐会、跳舞会、书画展览会等。通州女子师范学校"是近代教育史上由中国人自己创办的最早的女子学校之一"，培养了大批德才兼备的女教育家、女专家、女学者等，为我国的教育事业作出了卓越的贡献。

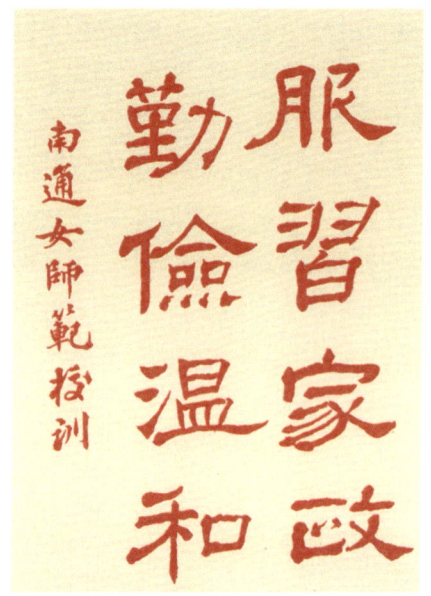

东方文化符号

服习家政 勤俭温和
南通女师范校训

女子师范学校校训

女子师范学校表门

女子师范学校第一届毕业生合影

盲哑师范传习所。1915年，由张謇创办。张謇一心想办盲哑学校，而办盲哑学校需有师资，盲哑教员难找。于是，张謇便自己办校培养师资。盲哑师范生入学条件比普通师范要高，不仅需具备普通师范生的学历要求，还需具备综合运用口语、手语、书面语的能力。此外，张謇还有一个附加的特别条件，即须具"慈爱心与忍耐心"，否则"皆不可任"。盲哑师范培养了一批急需人才，为其后创办盲哑学校奠定了基础。盲哑师范传习所是近代中国第一所培养盲哑师资的学校。

这是我国第一所特殊教育师资培训学校，在培养出师资后，张謇即创办了全国第一所盲哑学校。

职业教育。张謇先后共创立了20多个不同专业的职业学校，形成从初级到高级、从单一到多科的职业教育体系。南通因此而成为职业教育的发源地，张謇也成为我国职业教育的拓荒者与奠基人。现举几例：

唐闸实业公立艺徒预教学校。1905年，张謇及其兄张詧发动其所创的大生纱厂、资生铁冶厂、广生油厂、复新面厂、阜生蚕桑公司在唐闸合资创建，张謇亲任校长。该校是张謇创办的第一所职业学校，亦为全国第一所职工子弟学校。

巡警教练所。1909年，张詧、张謇及孙宝书等创设巡警教练所，借鉴日本模式，学制1年。首届招生120人，毕业后供各地招聘。该所为国家和地方培养了大批专门警察，提高了警察队伍的正规化、专业化水平。

监狱学传习所。鉴于当时监狱管理人才奇缺，张謇于1909年在巡警教练所附设了监狱学传习所。监狱学传习所入学门槛较高，须是法政讲习所毕业者。入学后半年即可毕业，首届毕业生30人。由受过专门训练的人员充实监狱管理队伍，无疑提升了当时监狱的管理水平。

国文专修科。基于对文秘人才奇缺的深切认识及培养文秘人才紧迫性的深刻感知，张謇于1910年借通海五属公立中学之地开办国文专修科，每年招收100人，分为预科和本科。预科学生中文理兼优的，便可直接升入本科。学制3年，预科1年，本科2年。所学科目分为"必修科"和"随意科"。必修科主要有奏议、笺牍、记叙、真行草书、历史、地理、掌故等；随意科即选修科，主要有法制、经济、算数、比例画等。国文专修科从职业角度培养了大量急需人才，他们在政府、机关、学校等各行各业发挥了重要作用。

银行专修科。1911年，张謇在通海五属中学等附设银行专修科以培养金融专门人才。其后，南通银行业逐步发展起来。

镀镍传习所。1913年，张謇在资生铁冶厂附设镀镍传习所，招收高等小学毕业生，学制2年。第一年主要是基础课和理论课，课程主要有镀镍、化学、电学、算术、国文、体操等。第二年主要是实习，具体进行镀镍、镀金、镀银操作。该传习所创造性地实施了一种所有人都学得起的模式，即不收学费、膳费和书费。不过，学生毕业后需尽三年义务。这些毕业生毕业后在尽义务的同时也锻炼了自己的实际操作能力，巩固了所学技术，这样走出校门后就能独当一面。

保姆传习所。张謇所办育婴堂收受了大量婴幼儿，为让这些婴幼儿得到较好的保育，张謇认为保姆工作很重要，保姆亦需经过专门训练。为让保姆专业化，真正懂得科学育儿，张謇于1913年在唐家闸新育婴堂创办了保姆传习所，专门培训保姆。学习期限为6个月，主要科目为2门，即教育学和保育学。每期招收学生20人，分甲乙两级，各10人。甲乙两级的免费模式稍有区别：甲级膳费、学费全免；乙级免学费，膳食费仅交3元。张謇的保姆亦需专业化、正规化的理念及保姆培训的方式方法在当时都是甚为前瞻的。

女工传习所。为传承刺绣艺术，也为解决女子生计，1914年张謇捐资在南通创办。张謇专门聘请刺绣艺术家沈寿前来担任所长兼教习。分为刺绣和图画两科，入学年龄比较宽松，从十四五岁到四五十岁均可。创办费、常年费、扩建费、人员薪金等一切费用均由校董张謇支付。后来女工传习所逐步向产业化发展，在上海及美国纽约设有发卖局。首届招生主要在江苏、安徽、浙江、湖南、广东等地，分为三种学制，即普通班、中级班和高级班，学制2—5年，后来增加了速成班。所开课程亦有层次性。需特别指出的是：除主修与刺绣相关的课程外，还针对不同层次开设了古文、音乐、算术、家政等。注重因材施教、学用结合，还注重全面提高学员的文化素质和艺术鉴赏力。沈寿主持及任教期间，传习所前后共招收了5届学生，培养了130多名学员。该校毕业生不仅有较高的刺绣水平，而且各方面素质也比较高。当时，学生的绣品内销外销均有，出口作品大半销于欧美等国，所得钱款用于学费及学校经费。女工传习所培养了大批刺绣专门人才，为弘扬中国传统绣艺及中国工艺美术走向世界作出了重要的贡献。

蚕桑讲习所。1920年，张謇在南通创办，专招女生，免交学费、膳费和住宿费，学制2年。入学条件宽松，基

女子蚕桑讲习所

本不限年龄和文化程度，目的是让江海一带的农妇掌握桑蚕技术。讲习所有自己的桑园，种有十几种桑树。上半年桑叶旺盛便开设养蚕技术课，下半年主要开设制丝及桑树栽培技术课。该传习所起初招生困难，但随其声誉渐好和成效渐显，报名入学者络绎不绝，招生规模不断扩大，大量妇女经过职业培训，成为蚕桑能手。这无疑有益于个人、家庭和社会。

发网传习所。为使妇女有一技之长，张謇在南通军山附近创办了发网传习所，特聘请专门教授进行传习，半个月招收一期，能够一天结 10 张网者即予毕业，具有短训班性质。该种方式周期短、流通大、见效快，通海地区及周边大量妇女都得到了培训，学到了一门技术。

特殊教育。张謇创办盲哑学校之前，近代中国在这个领域还没先例。当时，张謇根据西方有关资料估算中国约有80万盲哑人。"盲哑累累，教育无人"，这让张謇十分忧虑。他四处游说，大谈盲哑人受教育的重要性和必要性，然而应者寥寥，很多人甚至嗤之以鼻。在此情形下，他下决心自己创办。

张謇在盲哑师资培养出来后，便于1916年11月在狼山创办盲哑学校。经费拮据之时，他多次卖字作为贴补。张謇亲题校训"勤俭"，让残障儿童在掌握谋生技能和接受美育的同时，养成勤劳俭朴的好习惯。盲哑学校学制3年，分盲、哑两科，针对不同特点开设不同的课程。除教会他们读书、识字、写字外，重视专业技能的培养。如盲生除授以凹凸的字版拼读盲文之外，开设针灸、按摩课程；哑生除教手语之外，开设国画、雕刻、裁缝、农工、手工、藤工、木工、刺绣、打字、校对、理发、养蚕、园艺等课程。同时，还开设音乐、国画等课程，给他们以美和艺术的熏陶。盲哑学生还排演剧目，如曾联合排演新剧《普度慈航》，深受社会欢迎。残障儿童毕业后，有的成为盲哑教员，有的担任盲哑学校管理人员，有的到印书局从事印刷、打字、分发等工作，也有的从事家庭手工业。总之，都有一技之长，不但养活自己，还造福别人并服务社会。张謇办盲哑学校起到了引领和示范作用，其培养的毕业生

盲生上课

哑生上课

成为多地的重要师资力量，上海、南京、天津、贵阳、苏州等地亦纷纷开办盲哑学校。如南通盲哑学校毕业生王振音，先受聘到南京盲哑学校任教，其后在吴县（今苏州一带）创办盲哑学校，任校长，再后来便长期担任台湾台北盲哑学校哑部主任。

南通盲哑学校是中国人自己创办的第一所盲哑学校，开中国特殊教育之先河。在那个时代，张謇让盲哑儿童得到平等教育的理念和实践的确是难能可贵的。

女子教育。张謇所办女子学校，多层次、多行业、多种类。从层次上看，有本科、有师范预科、有小学；从行业看，有师范、有各种职业培训班；从种类看，有常日制、有短训班。

张謇关于女子教育的目的有多个：一是培养师资、普及教育。他认为女性当老师比男性好，温柔可亲，儿童易于接受；二是让女子谙熟家政，当新型的贤妻良母。他认为家政是女子最大的事业，是女子道德品德之所在，必须从学习中获得，学好了，相夫教子，融洽家庭，和蔼邻里，稳定国家；三是弘扬传统艺术。这个思想是他认识沈寿之后形成的。沈寿非凡的绣艺、辨别绣品的真知灼见、高尚的道德情操无一不使张謇重新认识了女性；四是让女性自谋生路，一方面学习并传授技艺，另一方面自谋生计。张謇所办女子教育培养了大批有一定文化修养、有各类技术技能的人才。

社会教育。张謇觉得，要改良社会风气，就必须提高全民素质，提高文化知识水平。要做到这些，就必须通过多种方法让老百姓学知识、学文化，得到教育和熏陶。他办图书馆、图书总公司、博物苑、商品陈列所、阅报社、巡回文库等，就是为了让人们学知识、受教育，增长见识。他认为，影剧对熏陶人有特别的作用，因此，办伶工学社、建更俗剧场、办电影公司。他办伶工学社，培养戏剧人才，就是为了更好地以戏剧熏陶人、改造人；他建更俗剧场，就是为移风易俗，改良社会风气；他创办中国影戏制造股份有限公司，亦为引领新思想、新风貌，让人们得到美的享受和心灵的洗礼；他请当时的各派名角前来表演，梅兰芳、欧阳予倩等都是座上客，也是为让民众既欣赏到高超艺术，也得到好的感化和教化；他建五公园，公园内办各种展览，为的是让人们既放松心情，又学到知识；他利用狼山风景区，将人文景观与自然景观相结合，让人们既享受自然美景，也提升文化品位。因此，当年的南通，自然环境、市容村貌、社会风气、人们的精神风貌等都让人耳目一新。

慈善教育。张謇在南通兴办了大量的慈善公益事业，并且注入了教育的成分。他所设立的育婴堂、养老院、盲哑学校、残废院、医院、济良所等，不仅具有"养"的成分，而且还有"教"的成分。他不仅将慈善当作慈善事业做，且将慈善事业当作教育做，这样，弱势群体就不再是靠别人养活的群体了，而是能够像正常人那样，树立起对生活的信心，用自己的双手养活自己、服务他人、贡献社会。

总之，张謇创办的各级各类学校形成了一个庞大的较为完善的教育体系，学校之教育宗旨、教育方针、教育内容、教育方法、课程设置、经费来源、办学思路、办学层次、办学步骤、学制年限、课程体系等都很明确，都是这个完整教育体系的一部分。特别是形成了全社会人人受教育、人人学知识的良好氛围，这对今天仍有一定的启迪意义。

张謇的教育思想和实践有其鲜明的特色。注重德智体全面发展，以培养"健全之国民"；教育内容力求中西结合、古今结合，文理工互相渗透；学以致用，注重实践，注重能力培养；师资方面重师范培养、留学生选聘和聘请西方人才相结合；办学资金渠道多元化；重优良学风的培养，把师德作为师范教育的灵魂；如此等等。现细述如下：

爱国是其办教育的出发点。无论是教育救国，还是教育强国，既体现了张謇的爱国精神，也体现了要求学生具有爱国精神。因为爱国，张謇才会放弃自己拼搏了大半生的科举仕途，放弃荣华富贵，而选择了一条极为艰辛的创业之路；因为爱国，他才会在企业创办成功后将企业利润投资教育、文化、社会公益、慈善等本应由政府承担的事业；因为爱国，他才会将自己的收入、自己的劳动所得用来办学校、办慈善公益等社会事业。

重视素质教育，培养健全之国民。他重视学生德、智、体全面发展，认为一个人能力弱一些、知识欠缺一些不要紧，可以通过不断的学习得到提升，但是，道德、人品如何却至关重要。他也重视学生的身心健康，强调培养"健全之国民"，要加强劳动教育、音乐舞蹈美术教育、军事教育、心理教育、创造教育、创业教育等。他强调培养学生的基本劳动技能和自我管理能力，"凡能做者，须自己做"，要能吃苦耐劳，要勤俭朴素。要求学生自己洒扫、帮厨、择菜、洗刷碗筷，让学生利用校园空地种植蔬菜瓜果，自己修理桌椅板凳。学生既学到了本领，也体验了劳动的艰辛、收获的喜悦，培养学生吃苦耐劳、懂得珍惜的美德。课程开设方面也引进了一些西方课程，全面提升学生素质。重视学生实践能力和创新能力的培养，每周都有5节以上的实习课，纺校建有纺织实习工厂，农校建有实验农场，医校建有附属医院，博物苑也是为学生观看实物而创设的。同时，根据专业规定修学旅行、到各工厂参观。张謇还经常邀请国内外著名专家学者到学校作学术报告，开设讲座，介绍科技发展前沿。这些都为学生成为高素质的人才创造了良好的条件。

既重视普及教育，也重视专才教育。在张謇这里，普及教育就是要人人受教育，不管是男是女、是老是少、是健全还是残障。而专才教育则是根据需要而对专业有所侧重，一方面指专门性人才，如银行、商业、医学、农学、纺织学等，另一方面指高层次人才。张謇认为，要培养高级技术人才，必须要有专家。"人才本于学堂，学堂无专家，故人才无专长"。因此，他在自己所办的学校里，多聘请国内外优秀专家授课。

重视职业教育，以培养技术人员。一个世纪前，张謇就对劳动者的知识、技能影响生产力发展有很深的感悟。基本是需要什么就办什么，如巡警教练所、监狱学传习所、镀镍传习所、家政传习所、保姆传习所、助产护士传习所等。

张謇的教育思想和实践为南通和江苏教育打下了厚实的基础。短短30年时间，张謇让南通教育从落后行列迈入了先进行列。不仅中小学教育发达，高等教育在全国也很有地位。据1917年统计，全国专科以上的高等学校86所，而南通一县就有3所，这在全国1700个县中是绝无仅有的。100多年来，张謇的教育思想影响了一代又一代人，南通乃至江苏也以尊师、重教、兴学而闻名于世。今天，其教育在全国仍有重要的地位，这固然是今人干出来的，但与百年的教育积淀也是分不开的。

奠定了中国新式教育模式。在清末民初的社会转型时期，一方面旧的科举制度被废除，另一方面新的教育体系尚未建立，张謇就是在这样的历史关头对教育进行思考、探索并付诸实践的。他的思想理念具有开拓性、创新性和前瞻性等特点。同时，他又是一位有思想、有理论、有实践的教育家。他当年的教育建树对近代中国新式教育产生了重要的影响。今天，我们的教育方针、教育目的、教育体制、教学模式、教育方法、师资队伍建设、课程体系、经费来源等都可从当年张謇所办学校中找到雏形。

奠定了张謇在教育史上的地位。张謇办学，大多是私立，因此，可谓是非官方的教育先行者、实践者和改革者。他以自己的实际行动为中国教育转型和新式教育的发展作出了杰出贡献，被公认为新旧教育转型时期很有贡献的人物之一。

三、特有的文化自觉

"文化自觉"概念是著名社会学家费孝通提出的。在1997年于北大召开的第二届社会文化人类学高级研讨班上第一次提出此概念,此后,便被广泛使用。

尽管文化自觉的概念提出较晚,但其实在100年前,张謇身上就体现了特有的文化自觉。在那个时代,张謇对文化的内涵和意义就有着充分的理解,对文化作用的认识走在了时代的前沿。

张謇的文化自觉具体体现于他所创办的大量文化产业方面。在短短20多年中,张謇创办了各类文化产业,引领了当时文化发展的潮流和方向。现将张謇创办文化产业的情况分述如下:

翰墨林印书局股份有限公司。张謇等于1903年创设,次年获得正式出版权,比中华书局的创建早8年,为中国最早创办的现代出版机构之一。翰墨林印书局内部机构齐全,分工明确,管理规范,编、校、印、发一条龙。起初是石印,一年之后便改用现代化机器印刷。起初主要印刷学校课本、讲义、簿本,还有大生各单位账册、票据等;后来业务范围扩大,承印报纸、杂志、图书及其他各类读物,甚至还承印清廷及民国政府的文献资料,也编译了不少外文图书资料。张謇曾长期聘请朝鲜旅华文史学家、著名诗人金泽荣担任编校工作,这给金泽荣整理朝鲜文献史料提供了极大的方便。金泽荣在10多年中整理编撰的大

翰墨林印书局

量朝鲜文献史料,均由翰墨林印书局印行,在朝鲜山河破碎之时完好地保存并传承了朝鲜文化文献史料;张謇、金泽荣也谱写了中朝友谊及文化交流的感人篇章。翰墨林印书局在创办后的20多年中,发展迅速,成果丰硕,成为近代中国著名的印书局,享誉海内外。

博物苑。20世纪初,张謇曾多次上书朝廷,呼吁创建图书馆、博物苑。张謇认为,"图地方人民知识之增进,亦必先有实观之处所"。在呼吁得不到回应的情况下,他便于1905年创建了中国第一所博物苑,自任总理。他手书的"设为庠序学校以教,多识鸟兽草木之名"对联点出了其办苑的宗旨:让师生增加对书本理论的感性知识,也让民众开阔视野。馆内历代珍器、名人字画、各类标本及

南通博物苑

化石琳琅满目，馆外亭台楼阁、假山、池塘、各类植物、花卉、树木、药材等应有尽有，是名副其实的博物馆。南通各学校，凡开设动植矿物方面课程的便由教师率领前去参观。南馆、中馆、北馆各有分工。博物苑的物品多为征集、购买以及张謇捐赠。南洋劝业会后，张謇集中收购了其展品。张謇捐赠也颇多，他自己曾说："謇家所有，俱已纳入。"以书画为例，1914年编《南通博物苑品目》中，书画类共有101件，张謇捐赠的就达71件。南通博物苑既是集自然、历史、艺术、人文于一体的综合性博物馆，亦是集文物收藏、学术研究、科普教育、园林欣赏为一体的综合性社会文化机构。

军山气象台。张謇对气象事业亦情有独钟，认为气象关系农、工、商、教育及社会生活，非办不可，且非专业人士不可，非专门仪器不可。1906年，张謇在南通博物苑创设测候所，并从日本购回一套颇为先进的仪器设备，1909年便能对天气进行预报了。其后，与其兄一起捐资

军山气象台

测候所

在南通甲种农业学校建小型测候台，既供学生学习、记录，而所录数据亦可作为参考。1913年开始筹划建气象台，他派专业人员赴北京、上海参观考察，从英、法、德等国购置了一批先进仪器，在此基础上精心选址，最终选址于军山。1917年1月1日，军山气象台这个先进的现代化气象台正式开张。它不仅拥有先进的仪器设备、专业人才，且有一套严格的管理制度；不仅自测，且用收音机收听上海徐家汇气象台报告；不仅即时观测、每天预报，且当天登于《南通报》。同时，每年的气象资料都整理、汇编成册发放，以供各相关单位参考，每年还编辑关于南通农产物量情况的预告和统计资料。军山气象台开国人自办近代气象事业之先河，有"中国私家气象台之鼻祖"之誉，张謇亦曾担任中国气象学会第一、二届名誉会长。

妇女宣讲会。1907年，张謇倡导成立通州教育会，这成为全国最早的地方教育会。为使妇女同样获取知识、得到教育，又倡导教育会设妇女宣讲会。1912年，南通教育会创设妇女宣讲会，聘请通州女子师范学校校长范姚夫人为会长，其校礼堂亦为宣讲场所。每次开会，场面壮观，常常三四百人。宣讲如何当贤妻良母，应有怎样的道德情操，如何主持家政、和睦邻里，如何心慈意善，如此等等。旨在让妇女开智明理、掌握知识、陶冶情操。形式灵活多样，不时让师范学校附小学生前来表演，还举办游艺会、成绩展览会、绣品展览会等，以活跃身心、开阔视

女子游艺会

野、提高见识。妇女宣讲会是除学校之外对女性进行教育的重要手段，影响颇大，对提升妇女的道德品行、开悟智识并当好贤妻良母具有重要的意义。

　　商品陈列所。1907 年，张謇与其兄张詧倡设并捐资创办，主要是将各种商品陈列展出，可供游人参观、欣赏，也标注价格，既让人们了解物品性能以开阔眼界，也可选购。商品陈列分为 5 个部分，即天产、工艺、美术、教育、参考。所列商品，除劝导商人提供外，陈列所也进行购买。商品陈列所起先建于南通城西，因所建之地处于河心，参观者不便，于是，计划在城内兴建洋楼 29 幢，分为前后两部分，前半部分为劝工场，后半部分为商品陈列所，因经费问题未能全部如期建成。商品陈列所可谓是学习西方的产物。西方城市多设有劝工场及商品陈列所，不仅供

商品陈列所

人们参观、欣赏、选购，也让商品之间有所比较，互相取长补短。张謇等一个多世纪前在南通开办商品陈列所，的确是开风气之先的，它比南洋劝业会还要早3年，而南洋劝业会又是百年后上海世博会的成功预演。当时，张謇将商品陈列所作为普及知识、广开民智的公共教育场所，也成为今天商品展销会的源头，具有引领风尚及时代潮流之意义。

阅报社。张謇及其家族成员在通州创办了多张报纸，还倡导并开设了阅报的场所即阅报社。1911年，阅报社在南通县可谓遍地都是，多附设于自治公所、市集处，偏远之地附设于小学校。据统计，开办时即有28个，工作人员每处1人，全部为兼职，且不领薪水。自治公所取消后，阅报社由董事会办事处接管。后来，各自治公所取消后，附设于此的阅报社仍然保留了下来。阅报社为近代化的产物，它伴随着近代报刊的产生而产生，是张謇广开民智、普及教育的又一实招。

图书馆。张謇早有兴建图书馆的愿望，但两次上书朝廷皆无回音，他便于1912年在南通改庙建图书馆，这便是全国较早的县级现代图书馆。南通图书馆创办后，通过多种方法收集图书，如征集、采购、影印、抄录等，而张謇个人捐献珍藏图书"八万卷强"。他还聘请数十名行家翻译了大量的外国名著精华，图书数量不断增加，至1924年时藏书已达23万卷，为全国县级图书馆之最，亦为私立公共图书馆之最，"书为啬翁捐赠者占十之六七，

南通图书馆

退翁者十之一二"。馆内设有阅书室、阅报室和曝书楼各1所。阅书时间每日早9时至下午5时，每周二和寒假10日及暑期晒书时间停阅。南通图书馆是我国最早的近代图书馆之一，在开风气、引领图书馆事业、广开民智、提升学校师生阅读水平、传承历史文化及引领阅读等方面发挥了无以替代的作用。

巡回文库。1912年，南通县教育局附设巡回文库。这是一个流动图书馆，将备好的各种图书杂志送往本县各地。巡回文库有一套严格的管理制度，根据5个学区的特点设了5个小组，分别送往各个学区，在学区内依次进行巡回。每处一个月，各处选一公共场所，民众既可现场阅读，亦可借阅。一月结束时，本处教育会或董事会办事处将图书杂志检查封好，送交下一巡回地。在当时书刊资源稀缺的情况下，巡回文库促使了本地资源共享，并最大限度地利用。这一创举有助于提升民众知识及文明水准，使乡间逐渐形成良好的读书氛围。

通俗教育社。为"改良乡俗，普及教育"，1914年，通俗教育社在南通教育会创设。在举行第一次会议时，公推张詧为社长，张謇为名誉社长，同时推选了理事、讲演员和文牍员。通俗教育社计划分期推进通俗教育，第一期主要是两大事项，即编辑、讲演。编辑部分包括说部、剧本、山歌等，聘请专门人员担任主任具体负责。讲演部分又分为两项，一是通俗讲演，二是商业讲演，分别聘请专人负责。通俗讲演采取流动方式，行走于各乡镇进行巡回讲演，旨在启迪国民应有之常识，既具传统道德，又拥有新知识。商业讲演则是有固定的场所，在西武庙设讲演社，每5天举行一次讲演，旨在介绍商业知识及世界商业发展情形，分析讨论本地商业现状及改良方法。通俗教育社编有《诚社旬刊》，每月3期，内容丰富多彩，知识性、可读性都较强。通俗社辟有一陈列室，陈列各种通俗教育图书、仪器、标本及与通俗教育相关的文史资料，如历代名人肖像、火车、铁道、轮船模型等，还有本地交通、地图等。通俗教育社还采取各种方式开展对民众的宣传教育活动，如在街道、电杆等醒目处张贴相关知识、劝告文、《南通报》等，且每周更新。通俗教育社是张謇社会教育体系的一部分，在普及知识、启迪民智、陶冶性情、提升文化素养等方面做了大量的有益工作。

公园。张謇认为："公园者，人情之囿，实业之华，而教育之圭表也。"为使人们在辛苦的工作之余能够有观光、休闲、娱乐之处，早在大生纱厂办成之初，张謇便在工业区唐闸修建公园。后又用6年时间在主城区建成5座公园，即东、西、南、北及中公园，统称为"五公园"。自然景观甚是怡人，五公园亭台楼阁、河岸桥堤，草木葱茏，河水清澈。人文景观亦引人入胜，儿童游乐室、通俗演教场、民众教育馆、各种物品及特色建筑如千龄观、与众堂、历代名人画像馆等。画展、花展、商品展、民俗集会等文化教育活动时亦有之。游人倘徉于此，不仅有美的享受，还受到文化的熏陶。

公共体育场。强国须强身，强身更强国。张謇深感提高国人身体素质刻不容缓，于是倡导体育运动。1917年，张謇与其兄张詧捐资在南通兴建了第一公共体育场，占地约13333.33多平方米。运动项目有球类和器械两大类。球类有：足球、网球、篮球、棒球、排球及乒乓球等；器械游戏类有：秋千、木马、滑台、平台、架梁、浪桥、浪船、旋板、高梯等。公共体育场每天上午9时到下午6时免费对外开放，"任人运动，无贫富老幼男女之分，亦无入场费"。1922年张謇70岁时，南通中专以上学校师生敬赠钱物，张謇便将此捐出，建设了南通第二公共体育场。该体育场亦有球场和器械游戏活动场，其活动内容与第一体育场相同。公共体育场兴建后，全县中等以上的学校每两年在此联合开一次较大规模的运动会，而平时到体育场锻炼的人"济济盈盈，各自为戏"。公共体育场的开辟，有效地引领了民众的强身健体运动，丰富了人们的业余生活。

更俗剧场。更俗，即移风易俗，破旧习树新风。张謇认为，"至于改良社会，文字不及戏剧之捷；提倡美术工艺，不及戏剧之便"。张謇看到了戏剧不仅愉悦身心，更重要的是还有其他艺术形式难以代替的教化功能。早在民国之初，张謇就曾创设南通西公园剧场，并邀名伶出演，这是张謇进行剧场改良的第一次尝试。在此基础上，1919

公共体育场大门

张謇主持各中等以上学校运动会　　运动会军事操练

运动会撑竿跳高

年，张謇便在南通兴建更俗剧场。该剧场可谓是全国一流的剧场。剧场由著名建筑设计师孙支夏依据上海新舞台设计，外观呈马蹄形，室内分为观众厅、舞台、演员宿舍及梅欧阁。观众厅共2层，可容纳3000人。设施、音响、灯光及其他各项条件在全国都处于领先地位。不仅如此，剧场制度亦实行现代化制度管理。所有人须凭票入场，对号入座，张謇身为董事长带头遵守。看戏须安静，不可嗑瓜子，不得随地吐痰，不准大声喧哗。后台制度也很严格，后台人员不得喧哗，不可撩门帘看戏，不可饮茶饮酒，等等。上演剧目必须经过严格挑选，除传统健康剧目外，还编演新剧，张謇亲自参与剧本审定。剧场管理、前后台制

更俗剧场座席

度、观众观赏制度等完全摒弃了当时戏园子的陈规陋俗，采取新型的管理方式，文明演出，文明观赏。在更俗剧场的前台大门楼上，张謇专门辟有梅欧阁，这是其为赞赏梅兰芳和欧阳予倩二人的友谊而建，共80多平方米，分为3间青砖瓦房及东西阳台。张謇亲写"梅欧阁"并亲撰对联："南派北派会通处，宛陵庐陵今古人。"南派、北派分别指梅、欧二人分属京剧的南北两派；宛陵即宋代诗人梅尧臣，庐陵指宋代诗人欧阳修。梅兰芳和欧阳予倩对京剧的改革创新如同欧阳修、梅尧臣二人创新宋诗风格一样了不起。张謇曾聘请多位名角前来表演，梅兰芳四年间三进南通。更俗剧场不仅演戏，还放电影，更有南通各学校的文艺演出。剧场所有剧目、电影、表演等均须经过精心挑选，入选者须思想内容积极健康，有益于愉悦身心，能够陶冶性情，具有劝人从善之教化作用。更俗剧场不仅革新了剧场环境，更重要的是带给观众之熏陶、感召、教化作用及巨大的精神享受，也带来人们思想观念的更新。

伶工学社。1919年，张謇创办了中国第一所具现代意义的戏曲学校。他认为，社会亟须改良，"而改良社会措手之处，以戏剧为近"。张謇担任董事长，其子张孝若担任社长，特聘梅兰芳担任名誉社长，欧阳予倩任社务主任。在其存续的七八年时间里，培养了一大批戏剧人才，这些人后来或成为舞台的"台柱子"，或成为戏剧改革的骨干，或成为推动戏剧发展的重要力量。

伶工学社军乐队

　　中国影戏制造股份有限公司。这是张謇等人于1919年创办的中国第一个股份制电影公司，办事处设于上海，摄影场地设于南通东公园内，摄影棚是五大间玻璃房。有导演，有摄影师，有工作人员数名。该电影公司拍摄的第一部电影是京剧武打艺术片《四杰村》，演出者为伶工学社的师生。该片拍摄一举成功，除在更俗剧场放映外，美国纽约也放映了此片。当时拍摄的还有京剧舞台纪录片《打花鼓》、风景片《五山风景》、新闻片《张南通游南通新市场》《陈团长阅兵》、纪录片《倭子坟》等。不仅如此，电影公司还对一些重大活动进行拍摄，如将上海各界抗议日本拒绝废除"二十一条"密约的示威游行实况拍摄成电影。以上这些电影在更俗剧场放映时，观众不仅有本地各界人士，更有外来参观团及前来参加各种会议的代表。将现实生活、活动等形象化地展现出来，为人们所喜闻乐见。第一次以影片制造股份有限公司来命名，从这个意义上说，是开中国电影事业先河的。同时，其在存续期间拍摄过多部戏剧片、风景片、新闻纪录片、故事片等，在中国电影史上亦有重要的地位。

　　张謇的文化自觉不只是体现于需要什么办什么，而更为重要的是体现在他对文化知识、文化情理、文化精神作用的认识以及他特有的文化责任担当。

第五章 慈善公益成效

一、慈善公益体系

100年前,张謇将慈善公益与教育、实业一起看作是地方自治的三大支柱。他在通海及其周边地区建成了一个较为全面的慈善公益体系,惠及通海及其周边地区,在中国近代史上独树一帜。

张謇认为:"以国家之强,本于自治;自治之本,在实业、教育;而弥缝其不及者,唯赖慈善。"慈善公益的作用尽管只是弥缝实业、教育所不及者,然而"失教之民与失养之民,苟悉置而不为之所,为地方自治之缺憾者小,为国家政治之隐忧者大也"。因此,张謇决心在通海一隅做出成效来。

新育婴堂。1904年,张謇与其兄张詧鉴于旧育婴堂破旧脏乱甚至摧残幼儿等现状,在唐闸选址创办新育婴堂,建章立制,专门收养弃婴。张詧、张謇兄弟两人分任正副院长,进行义务服务。新育婴堂占地16000平方米,全部

新育婴堂

是新式洋房,颇为壮观,是婴幼儿生活成长的好地方。开办时,新育婴堂设主任1人,乳母10多人,月薪5—10元不等。弃婴从刚出生至十三四岁不等,以女婴为多。婴儿如无姓名,则堂为取名,男婴姓唐(新育婴堂位于唐家闸),女婴姓汤(堂地施主姓汤)。该堂开办时,经费的四分之三由张詧、张謇及大生纱厂各位执事共同捐助。建成后常年费用3万多元,多由田租、渔利、募捐、张謇兄弟私费补助及少量县费分担。新育婴堂开办后,所收弃婴迅速增多,最多时近2000人。开办前8年,先后收养过近万名弃婴。最多的第八年原有1179名,新收607名,抱领308名,死亡49名,实在1429名。这些弃婴后来或继续上学,或是学有一门谋生的技术、技艺等。

养老院。当年通海第一、二、三养老院,均为张謇及张詧用生日礼金所建。

第一养老院。1912年,张謇将其60岁生日时亲戚朋友的礼金用来创办了南通第一养老院,占地11666.67平方米。第一年建男院24间,建表门、大门、办事室、接待室、看守室、工场、寝室、食堂、洗浴、厕所等。第二年建女院16间,建病室、药房、洗濯场、工场、寝室、废物室、梳理室、食堂、浴室、厕所等。设院长1人,月薪18元,院长以下设主管1人,其他一些岗位主要由精力尚健且热心的老人承担。第一养老院收养老人名额为男80人、女40人,后来由于要进来的人较多,实际的人员是超额的。养老院有一套规范且人性化的管理制度,对入

养老院老人

东方文化符号

第二养老院

第三养老院

张謇等为百岁老人祝寿合影

院的年龄、条件、寝食、个人财产、作息、医疗、终老后事等都有一套颇为合理的规定。特别值得一提的是：入院老人中有一种叫"额外老人"，即老人年龄未达60岁但超过50岁者，如身体健朗可提前入院，担任服务工作，到60岁时转为正式入院者。

第二养老院。张詧70岁时，学习其弟张謇的做法，用亲戚朋友的礼金在海门长乐镇办起了第二养老院。

第三养老院。张謇70岁时，又将亲戚朋友的礼金在第一养老院对面办了第三养老院。

第二、三养老院的管理及规则与第一养老院相同，规模人数相当或偏大偏多。三所养老院的建筑费、常年费均由张詧、张謇兄弟提供。此外，养老院也接受募捐，院内设募捐册，如有捐款捐物全部登记，按月登报鸣谢，每年都有年册。

医院。在很大程度上，张謇是将医院当作慈善事业来办的。1911年，张謇与其兄张詧用私资创办，1914年，新院区建成。占地7333.33平方米。医院设院长、主任、总医长各1人。至1918年，科室增为内科（妇科、儿科附设其中）、外科（产科附设其中）、皮肤科、眼耳鼻喉科（齿科附设其中）、X光线科等。每科设医长及医生8人，设职员及看护妇20多人。起初聘请德国专家夏德门博士担任总医长并主持外科手术，其任期满后仍然聘请医学名家接替。医院设备齐全，且颇为先进。更为值得一提的是：

南通医院

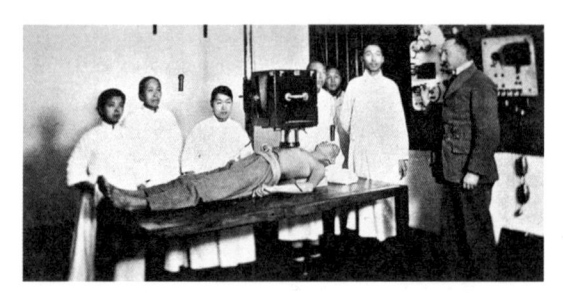

南通医院X光室

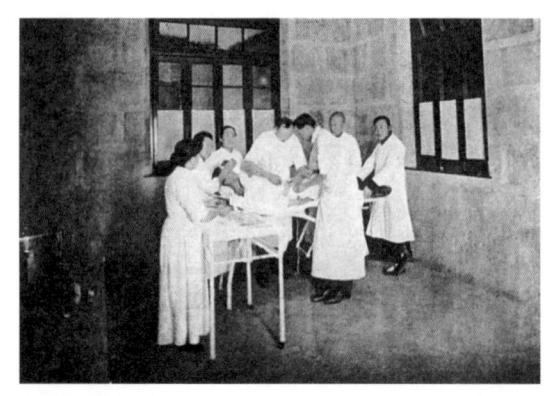

南通医院解剖室

"赤贫者诊病可免收药金。"同时，医院附设了助产看护妇养成所，每年招收学生数十名，全部免除学费。南通医院另外还分别在金沙市和唐闸镇附设了两个分院，主要负责人均是南通医学专门学校的毕业生。

济良所。1914年，南通警务长杨懋荣在张氏兄弟支持下创办。在南通济良所创办之前，济良所仅在各省省会城市及商埠有之。鉴于南通地方自治成为楷模，实业、教育、慈善、文化、卫生事业次第兴办，而在工商业发达之时，妓女行业也伴而盛之，这使得妇女身心备受摧残。在此情形下，杨懋荣在张氏兄弟的支持下，将废弃之税务所进行修葺改建，建成房屋25间，可容纳24人。济良所订有章程，配备专门教师，并配备各类管理和工作人员七八人，各司其职。进入济良所之女子学习时限为6个月，每天上课4小时，学习内容除缝纫、手工、浣濯、烹饪等技术外，还教授国文、伦理、算学等文化课，全面提升其素养。开办10

南通济良所

年，甚是兴旺，收养女子五六百名之多。南通济良所是近代中国县治创办的第一个济良所，让沦为娼妓者、无家可归之被虐婢女等脱离苦海，恢复人身自由，并学有所成，然后择夫而配，自强自立。

义茔。1914年，张杨夫人（张詧夫人）在张氏兄弟支持下创建。南通原有义冢占地小，杂乱无章且疏于管理。于是张氏兄弟出钱出力，选址购地，在东门外选中一块长方形熟地并开工建设，在四周开界沟、栽松柏，中间合理规划灵柩掩埋区域，深度、距离、植物、编排、祭拜之位等都有严格要求。在墓区之前方位置竖立石坊，另外建造房屋数间以供管理者居住。义茔的创建使得贫穷之人终老后有了一个清洁安静的葬身之处。

贫民工场。民国初年，张謇在南通、东台、仪征三县分别创办贫民工场，让贫民子弟能够学习手艺以资谋生。张謇对盐民生计一向关切，在担任两淮盐政总理后，更是为之深谋远虑。他认为，两淮盐业的发展趋势以淮北为要，而淮南通泰各盐场的发展前景不乐观，这些地区之贫民生活也日益窘迫。在此情形下，张謇将盐运司所获得的资金加上盐商捐款创办了两个贫民工场。贫民工场有一套严格的管理制度，场董、场长、会计、庶务、监工司事等各司其职。每场正常维护百名工徒，入场者为13—18岁身强体壮的赤贫子弟，先招本县，后外县外省。工徒学成毕业后需留场服务一年，然后可以选择留在场中工作或是外出

南通贫民工场部分产品

就业。贫民工场主要传授竹木、油漆、皮革、织布、雕刻、缝纫等各科。管理模式类似今天的军事化，每年按季节的不同规定每天上下工时间，每天工作 8 小时左右，以摇铃为信号。职工及生徒的饮食起居均实行统一行动，医疗也有人性化的规定。日常组织纪律管理严格，卫生也颇为重视，随地吐痰也是被禁止的。工场赏罚分明，遵规守纪、勤勉学艺的给予奖励；反之，则受处罚。工场每天提供三餐，一粥两饭。每天晚饭后，教习还给工徒上一小时文化课，主要是识字和书算等。工场还实行对外特别服务，如场外有一些诸如洗衣、打扫、园艺、护理病人之类的工作，场内便会指派专人实行对外服务。特别值得一提的是：在贫民工场还专设了游民习艺所、恶童感化院等。前者是针

南通残废院

对流浪者而办，后者类似今天的少年劳教所。

残废院。1916年，张謇创办，占地4000多平方米。张謇认为，残障之人穷而无告，与鳏寡孤独同样可怜，如果不能很好地安置他们，这些残障人生活不但得不到保障，且会四处乞讨败坏民风，甚至让不残者效仿。残废院开办后即收男残障者100多人、女残障者20多人。残废院分别设有男女工场，供入院之残障人工作，工种有打草鞋、搓艾条、搓烛心、糊火柴箱等轻微之活。每天工作4小时，上午下午各2小时。入院条件就一条：残障。入院后，生老病死等一切都由残废院负责，生病由残废院负责医治，终老亦由残废院料理后事并埋葬。残废院的管理制度等与养老院颇为相似。残废院开办费及维持费除在狼山各庙设募捐箱外，均由张謇承担。

栖流所。1916年，张謇与其兄张詧将过去的养济院进行改造创办南通栖流所，占地1333.33多平方米。张氏

兄弟认为，虽然前清有养济院，但拨款却不管养济院人数多少，且逢国之大庆施舍也很有限。因此，平时这些乞丐蓬头垢面，呼叫于市，人见人厌，实在是自治之缺憾。于是，张氏兄弟便创办了栖流所，收养无依无靠、无家可归之流浪乞讨之人，甚至还有精神病患者。栖流所亦有一

南通栖流所

套完整的管理制度，起居、饮食皆定时有序，"日作粗工"，并"习有小艺"，待其能够独立谋生时便分送各处，让其自立。栖流所建有房屋数十间，包括宿舍 24 间、做工室 4 间、厨房 2 间、巡视室 3 间、疯人室 4 间、浴室厕所 3 间。栖流所开办费及维持费除募捐及昔之丐头费外，均由张氏兄弟承担。开办三四年，先后收留乞丐八九百人。南通大街小巷看不到一个乞丐，"俾市无忧"。

保坍。1911 年 3 月，南通保坍会成立，并定有章程。保坍会以保州城为宗旨，设会长 1 人，各类工作人员 30

名左右。当时，作为滨江之地的南通，有东西约 15 千米长江岸受"江潮侵蚀，日见坍削"，每年平均坍地约 10 平方里左右，约 3.33×10^6 平方米农田入江，但农民田赋却不能少；同时，江堤崩坍对城郭也构成了威胁。于是，保坍会应运而生。为使有效保坍，张謇分别聘请荷兰、瑞典、英国、美国等国的水利专家前来勘测，各自形成勘测江岸之报告或江岸保坍计划书。荷兰工程师特莱克被南通保坍会聘为驻会工程师，主持保坍、筑槺及各种水务工程，为此献出了年轻的生命。南通先后修筑单、双水槺共 18 槺。不仅如此，张謇还曾命将南通江岸图送至南洋劝业会、巴拿马赛会，"以供世界工程师研究筑槺保坍之计"。请专家费用及各项保坍之费用既有筹款借款，亦有张氏兄弟私资。南通保坍成效显著。

治淮。张謇一生对治淮情有独钟。21 岁时随孙云锦到淮安查案，第一次见到淮河水患情形，心中思忖"淮不治，江北无宁日"，从此便与治淮结下了不解之缘，并为之奔走呼号大半生；无论在朝在野，都改变不了他治淮的决心。他成为中国近代史上真正的水利大家。

为治淮，张謇精心搜集淮河相关资料，仔细阅读一切与治淮有关的书籍，并通过各种途径进行呼吁，或撰文或游说，苦口婆心；同时，自己也实际去做。他半个世纪潜心研究水利，撰写水利文章近百篇，更有《导淮计划宣告书》《治淮规划之概要》，主持《江淮水利施工计划书》

等。对治淮的热心和执着也曾助力他攀登科举之巅，殿试时的策问中有关水利河渠方面的观点，张謇可谓是深思熟虑、鞭辟入里。

张謇请荷兰、美国等西方专家全面测量淮河各方面的情况，提供翔实的数据，并提出详尽的计划和预算。20多年组织参与实际测量，"形成导淮图表1238册，图25卷2328幅"。他有关治理淮河的主要观点是全面测量、蓄泄兼施、江海分疏。江海分疏观点前后有一个修正，从最初的引淮水"三分入江，七分入海"到后来的"七分入江，三分入海"。张謇的治淮观点和理念对中华人民共和国成立后根治淮河亦具有启示作用。

张謇的水利人才培养思想在近代中国也是超前的，同时亦付诸实施。1906年，他附设测绘科于通州师范学校，并聘请日本人宫本几次前来任教。1908年又设土木工科，对测绘科毕业生择优选拔，继续深造，后来成为著名建筑师的孙支夏就是其中之一。测绘科和土木工科培养的学生后来成为通州测绘局、江淮水利测量局的主要技术力量。不仅如此，张謇于1915年创办了我国第一所高等水利工程学校，即河海工程专门学校。该校创办的最初10年中为我国水利和土木工程事业培养了两三百人，这些毕业生后来为治理淮河、海河、长江等水利事业作出了卓越的贡献。

张謇担任的与治水相关的职务亦有多个，主要有：农商总长兼全国水利局总裁、导淮督办、运河督办、江苏新运河督办、中国工程师学会会长、扬子江水道讨论委员会副会长等。他的水利功绩曾被政府授勋，有学者甚至称他为"治水状元"。

二、田园城市模式

在实施地方自治、统筹南通城市建设的过程中，张謇实际走出了一种田园城市模式。这个田园城市模式就是一城三镇：一城即老城区，三镇即唐闸、天生港、狼山三个卫星镇。一城三镇功能各不相同。

老城区是政治、经济、文化、金融、贸易、教育中心和居民生活区。城区街道宽阔整洁，均有电灯照明，且每天都有警察带犯人打扫。城区还辟有新市场，有新式马路贯通。新式马路中间行汽车、马车、人力车，两边为人行道，人行道两旁是绿化带，更有濠河环绕，"俨有西湖之概"。桥梁、渡口、水闸、公园各具姿态，"几有扬州二十四桥之概"。街灯、新式岗亭、英姿飒爽的巡警、整齐洁净的公厕等都成为重要景观。

唐闸镇是工业区。唐闸工厂等企业甚多，且都是现代化的机器工厂，诸如大生纱厂、广生油厂、复新面厂、资生铁冶厂、阜生蚕桑公司、大生织物公司、南通大储堆栈打包公司（一栈）、通明电气公司、大达公电机碾米公司、大达内河轮船公司、泽生水利公司、大昌纸厂、大隆皂厂等，"犹中国之有汉阳也"。

天生港镇是港口区。张謇利用天生港、芦泾港的天然优势，进一步发展水上运输；在天生港建立大达轮步公司，在芦泾港建有长江轮船公司。同时开辟了"通源""通靖"两个码头，供装卸货物之用，开启了通沪长江航线。天生港这个天然的港口加上人工的开发，成为南来北往的货物集散地，水上物流畅通无阻。

狼山镇是风景名胜区。狼山镇距主城区约6千米，有5座天然小山，即狼山、军山、剑山、马鞍山、黄泥山，其中，以佛教名山狼山最为出名。这里有山有水，自然景色得天独厚。同时，人文景观也丰富厚重，有题名坡、广教寺、藏经楼、三仙祠、幻公塔、平倭碑、葵竹山房、大观台、支云塔、梅林春晓、文殊院等文化古迹和文化遗存。张謇在此重修了观音禅院，建有赵绘沈绣之楼、虞楼、吾马楼；在军山修建了气象台。还有多个名人墓，如骆宾王墓、金应墓、刘名芳墓等。一代绣师沈寿、援华水利工程师特来克去世后，在张謇的安排下均安葬于此。

一城三镇，一城似圆心，三个镇似卫星镇；以六七千米为半径，卫星镇环绕于圆心。彼此之间有农田间隔，有公路相通，构成了一幅自然、生态、和谐、美丽的城乡相间的风景画。

第六章　诗文书法成就

一、"读过三日牙犹香"

张謇是近代著名诗人。他从 12 岁左右开始写诗，直到去世前，存诗 2000 多首。这些诗大多是中晚年写的，可见是一位高产诗人。其诗主要录于《张季子九录·诗录》《张謇全集·艺文卷》《张謇全集·诗词联语》《张謇诗集》《张謇诗选注》《张南通诗文抄》等。

张謇诗的题材主要有纪事、吟物、赠和。

纪事诗。纪事诗较多，占了其诗集相当大的分量。张謇写诗多是以事为出发点，大多是因事而作、为事立题，记录了他的生活历程及心理感受。从某种意义上说，诗是张謇事业人生的形象化记载。

吟物诗。吟物诗占据了不少的分量。张謇通过吟物、写景、感事，表达自己的一种心情或心理感受。

赠和诗。赠和诗既表达了他的友情才情，亦体现了他的经世思想及壮志豪情。作为状元的张謇，名气大、交往多，因此，在后半生的事业生涯中，赠和诗特别多。所交往者多是文人墨客、志同道合者。其交往的形式常常是以诗词唱和来交流思想、沟通感情，表达自己的内心感受。张謇这部分的诗，或是酬答，或是赞美，或是勉励，或是题物，或是贺寿，或是哀逝。无论哪一方面的内容，其诗都不失积极入世的意蕴。

总之，张謇的诗不管是什么题材，我们都可以深深地感悟到，他写诗大多是以事为其出发点，因事而作，为事而立题。读他的诗，我们可以触摸到他繁忙事业生涯的脉络。透过文字，我们亦能真切地感受到他的所思所想所虑。

自然质朴，现实之感厚重。他的诗继承了我国古代诗歌的现实主义传统，汉乐府的"缘事而发"、杜甫的"因事立题"、白居易的"歌诗合为事而作"。张謇正是继承了这些传统，赋予其诗之厚重的现实感，且自然质朴地表现出来。张謇不只是用诗来寄托自己的思想感情，更重要的是将诗当作服务自己和服务现实的工具。

博学多才，颇具韩诗特点。"唐宋八大家"之一的韩愈，其诗匠心别具，体现出博学多才、艰深奇峻、造词生冷的特点。张謇有部分诗具有韩诗的特点，作为状元的他，善于用典，部分诗给人以深奥难懂之感，因此雅俗共赏、脍炙人口者偏少。

古体近体兼长，格律严谨工整。近体诗方面：五言绝句，五言律诗；七言绝句，七言律诗。古体诗方面：五古、七古、乐府体，六言诗、四言诗、三言诗。如此等等，似都信手拈来。其诗的地位可从"诗坛点将"排序中略知一二：钱仲联《近百年诗坛点将录》将张謇诗排为第 8 名（徐乃为教授说"钱其实依据的是张謇诗的前三分之一，张謇后期的诗更好"）；胡先骕《论诗绝句四十首》中点评 40 人，张謇列第 15 名；林庚白《丽白楼诗话》将同光诗人排为三个层次，张謇排在第一层次。

张謇在诗方面的造诣和成就由此可见。正如金沧江在《题啬翁诗卷》中盛赞的一样："啬翁二十成文章，丽词字字生风霜。谓我赏音笑相示，读过三日牙犹香。"

张謇的诗学观。张謇认为诗应该表现真实，诗的情感必是真情；"诗言事"，记录真实事情，反映真情实感；诗可以"宣其郁而吐其怀者"，抒写七情，表现哀乐，抒发真情实意，要有感而发，情感要符合伦理道德。

二、"无一字不有泪痕者"

张謇是散文大家，一生著述颇丰。民国时期的一些重要选本都选入他的文章，如王文濡编《续古文观止》《张南通诗文抄》、胡君复编《当代八家文抄》之《张季直文抄》二卷、张孝若编《张季子九录》、今人所编《张謇全集》及新编《张謇全集》。时人认为，张謇的文章可与清末民初的王闿运、严复、康有为、梁启超、章炳麟、马其昶等并列。

中国古代将与韵文、骈体文相对的散体文章均称为散文，无论是文学作品或是非文学作品，都一概视为散文。基于此，我们亦可将张謇的所有散体文章均视作散文，包括记述、论说、演说、公文、信函、序跋、赠序、碑传、哀祭、铭赞、告启、章程、说略、账略、日记等。

散文思想内容丰富。阐述事理：将事情的来龙去脉表述完整，将事物的机理叙述清楚；表明主张：赞成什么，反对什么，一目了然；表达情感：真挚的爱国情怀、深切的师友情谊，对敌人的愤慨、对民生的担忧、对民众的同情都跃然纸上；启迪民智：不仅对其所创企事业的职工，亦有大量对学生、对官员的演讲，开悟民智、学智、官智；阐明事因：大量的奏章、笺启、账略等，将事情的原委阐述清楚明白。

散文写作特色鲜明。一是观点鲜明，提倡什么、反对什么，泾渭分明，毫不含糊；二是开门见山，从不绕圈，直抒胸臆，一目了然；三是情真意切，没有虚情假意，从不矫揉造作，反对无病呻吟。

"无一字不有泪痕者"是张謇的文章观之一。清初诗人吴嘉纪曾作诗表达盐民煎盐的疾苦，其诗引起张謇的强烈共鸣。张謇在担任两淮盐政总理时曾几次亲临盐场，对盐民的生存状态有深刻的认知，因此对吴诗特别赞赏。对盐民生活的了解也使得张謇下决心改革盐政。可见，张謇认为写诗作文要讲究真凭实据、真情实感，同时，也讲究经世济用。张謇自己写文作诗亦是如此。

文章合为时而动、合环境而动,是张謇的又一思想。古人认为,文章随着时代而变化,而张謇一方面认为不同的时代有不同的文风,同时,他还认为不同的环境对文章的气象亦产生重要的影响。张謇继承了桐城派文风,又对其有所发展。

三、"同光第一"

张謇亦是近代著名的书法家。他4岁开始习字,直到晚年。21岁开始记日记,从日记可知,他的中青年时期将不少时间用于习字练书法。

张謇书法,楷书、行书、草书、隶书、篆书五体兼长。当时,他的多种书法被上海商务印书馆、上海中国图书公司、南通翰墨林印书局等印刷出版,有些多次再版重印,国内30多个省市设分销点,且远销到中国香港、新加坡等地,供人们学习和欣赏。他的楷书、行书、隶书常被印成字帖且多次重印,供学生学习书法之用。

张謇小楷

他曾潜心临摹颜真卿、

欧阳询、赵孟頫、褚遂良、孙过庭等多种碑帖，且融各家之长。张謇不仅临碑、临帖，且时常应邀写墓志铭、作寿文、题楹联、作书笺、写招牌、题匾、作序等。

书法代表作颇多。现在所能见到的主要有：《张謇临伊阙佛龛碑》《墨竹赋》《张季直书千字文》《狼山观音岩观音造成像记》《张啬翁书千龄观记》《唐孝子祠校记·观世音咒》《张季直书说文解字部首》《心经五种合册》《张母八十寿辞》《啬翁书施丈暨配墓表》《钱处士行状》《四时读书乐》《顾生母墓志铭》《通州师范学校礼堂八言联》《倚锦楼石屏铭》《家诫》《书谱》《临宁黄庭坚墨竹赋》《望稼楼七言联》《通州师范附属小学校训》《教育手牒》《临汉华山碑》等。这些书法作品，有的是临摹，有的是博采众长自成一体。

有"同光第一"之美誉。翁同龢曾推崇张謇说："文气甚老，字亦雅，非常手也。"时人亦认为张謇书法同光第一，可见其在中国书法史上占有一席之地。他的书法，根据字体的不同，或沉稳圆润、端庄隽永，或雄健超逸、浓枯并蓄，或典雅古朴、笔锋遒劲，或刚柔相济、张弛有度，或神采飞扬、贯通如注。

张謇的书法理论不多，但却字字珠玑。他曾说："写字要结体端正、平直，绝不可怪，更不可俗……字须一笔一画均有着落，注重于常人所易忽略之处，从平正方面去做，尤须多玩味古人。"字如其人，张謇对字推崇端正、平直、稳健、实在，正如他的为人。他的书法亦形成了自己的体系。

张謇的书法成就得益于他的勤学苦练。翻开张謇日记，关于练字的记载颇多。他用小楷写日记，从20岁起一直写到临终前。早年日记，字体秀劲，富有碑帖气；晚年日记，笔致沉雄，融百家之长。从日记中可看出他练字的情形，特别是冰天雪地的寒冬腊月。"十三日，入冬以来，是日最寒，读《三国志》，写字。""十五日，寒如故，砚池水点滴皆冻，写不能终，一字笔即僵。"

张謇书法在民间流传较多，因其曾为办慈善公益事业等多次卖字筹款。他卖字一般是先在报纸上刊登启事，说明卖字的时间、尺幅、价格，公告所得钱款的用处等，当筹足所告之钱款时卖字即停止。如今，民间不时发现张謇当年的书法作品。

第七章　无情未必真豪杰

一、兄弟情

张謇父母生有五子,老大张誉,老二张䅪,老三张詧,老四张謇,老五张警。其中,老大和老五为葛氏夫人所生,老二、老三和老四为金氏夫人所生。

在兄弟五人中,张謇与三兄张詧关系最近。其余三兄弟,老二因溺早逝。兄弟四人长大成婚后尊父意分家,老大和老五分到南通老家,老三和老四留在海门。

张謇与三兄张詧从儿时玩伴到私塾同窗再到共谋事业,70多年风风雨雨,两人不离不弃,哥哥支持、照应弟弟,弟弟照应、依赖哥哥。特别是事业生涯的30多年中,两人志同道合,同舟共济,互相支持,共同创业,既成就了一番惊天动地的伟业,在中国近现代史上留下深深的印痕,也留下了感人肺腑的兄弟手足情深之诗篇,为世人所传颂。

张謇成就这么多事业,他曾说过,"二三同志君子贤

张詧

人劻勷而提挈之力多也",尤其得力于"一兄一友两弟子"。这既是张謇谦虚之词,亦是一种实情。一兄即三兄张詧,一友为沈敬夫,两弟子是指江谦和江知源。

张詧(1851—1939),字叔俨,小名长春,号退庵、退翁,张謇常称之为叔兄。张詧长张謇2岁,与张謇同父同母。两人不仅骨肉相连,且一生相依。

幼时,兄弟两人在父母的教导下读书、识字,其后,共学于私塾,先后在邱、宋等先生的指导下读书。两人天资聪颖,读书勤奋,至今流传着对对联佳话。一天,有人骑马从门前经过,先生随口而出上联"人骑白马门前去"。张詧对道"儿骑青牛堤上行",张謇对道"我踏金鳌海上来"。应该说,两人对得都不错,一个平实一些,一个更具气势一些。当然,相比之下,张謇更胜一筹。这似乎也预示着两人后来的道路,哥哥担当了助手的角色,弟弟则更具主导性。

母亲金氏去世前嘱咐两人:"人子当先知服劳,汝父辛苦甚,无有替者,汝兄弟可一人读,一人治生产。"于是,三兄张詧将读书科考的机会给了更有才气的弟弟。

从此,全家人对张謇寄予厚望。张謇自己也不畏艰辛,在科举崎岖的小道上艰难跋涉。但是,几次与状元擦肩而过,这使得张謇对科举不免深失所望。1894年,由于慈禧太后60岁寿辰,加试恩科会试。张詧知道此消息后,立马写信请父亲劝弟再赴京一试,其父亲亦有心劝其赴考。在此情形下,已心灰意冷的张謇只得打起精神,带上借来的考具,再次奔赴那折磨了他26年的科举试场。而三兄张詧亦利用工作赴京之机,与弟弟会面,给其鼓气。在得知张謇高中状元后,三兄便立即赶回家中报信并准备相关事宜。可见张謇状元的荣耀里有着三兄的情义和付出。

张詧在张謇赶考的岁月里,边助父持家边积极进取。张詧协助父亲种地并打理小生意,同时自己也抽空读书写字。28岁时资助朝廷赈灾,"得奖县丞,分发江西"。张謇随吴长庆赴朝平息内乱时,邀请三兄张詧作为军中后勤帮办,共同辅佐吴军。其后,以军功被保举为花翎五品衔知县,曾在江西、湖北等地任职。

张謇在张詧公务繁忙的日子里为兄分忧解难。张詧清廉正直，勤于事务，处事干练，全身心扑在工作事务上，甚至连儿女婚嫁丧事都难以抽身，这些便都由弟弟张謇一一代其办妥。1892年张謇代兄嫁女；1897年初张謇代兄为其儿子亮祖办婚事；半年后亮祖病逝，亦由张謇代兄操办；1900年张謇代兄为另一儿子仁祖办婚事。其间，张謇为兄应试、谋职等事亦是不遗余力、不惜代价。

兄弟俩就这样彼此照应、互相感念、互相搀扶着一路走来，而他们后来在地方自治事业的互动和合作更是传为佳话。

张謇督兄辞官回乡。大生纱厂历经四五年的磨难，终于开车运转，在开始盈利后，张謇的想法多了起来。首先是开垦广袤的海滩，然后亦准备兴学。在此情形下，张謇极其希望三兄能够辞官回乡来助他一臂之力，但张詧的能力和政绩使其总不得官府允辞。张謇费了不少心思，通过各种渠道为其请辞，终于如愿以偿。

辞官回乡后的张詧成为张謇的得力助手。从1902年开始，一直到张謇去世，20多年中，兄弟俩携手并肩，共谋地方自治，兴教育、创实业、做慈善。在地方自治的各项事业里，其实都有他们兄弟俩共同奋斗的身影。有的是两人并驾齐驱，有的是一个在台前、一个在幕后。两人互相支持、互相影响、互相促进。张孝若回忆说："这二三十年间，我父创办实业教育地方自治，都是伯父赞助一切。大概我父对外，伯父对内。我父亲画一件事的大纲，他就去执行；或者我父主持大计，他去料理小节。所以我父30年的声名，事业的成就，伯父很有赞襄的功劳。"可以说，没有张詧，也就难以有张謇如此庞大的事业。

一生相助共甘苦。张詧70岁生日时，张謇作诗以贺："生自田家共辛苦，百年兄弟老逾亲。人间忧患知多少，涕笑云谁得似真。投老方知四海空，天教兄弟著南通。山川草木都吾事，不觉年事已到翁。"该诗形象生动地概括了兄弟两人一生相处相助相亲之情意，也道出了两人齐心协力如建设家一样建设地方之情形。张孝若曾评价说："难得兄弟友爱之情，直到我父亲瞑目，还是和小时候一样。"张謇晚年总结道："退庵（詧）无弟，则创事势薄；啬庵（謇）无兄，则助之力单。故蛩蟨相依，非他人兄弟相比""謇无詧无以致其深，詧无謇无以致其大。"可见张謇与三兄张詧一生相依相携、相辅相成、相互成就。

二、父子情

对父亲，张謇是儿子；对儿子，张謇是父亲。张謇与父亲、张謇与儿子，两对父子之间有不少亲情故事。这些故事无一不体现了父慈子孝。

张謇参加殿试时以一甲一名引荐时，光绪皇帝问取者何人，翁同龢介绍说："江南名士，且孝子也。"

张謇是有名的孝子。从小，当父母对他读书科考寄予莫大的希望时，他便发愤读书、写字，以求出人头地、光宗耀祖。成年后，张謇一边工作养活自己、贴补家庭，一边发愤读书写字。22岁离开家乡时作诗《思故乡行》："读书爱身有大义，千金尺璧青春光。儿但矢此永勿忘，旦暮犹是爷娘旁。"表明父母的嘱咐时时铭记在心。当他离开家乡后，每每在工作读书之余便会想到老家的父母，每当天气变化也总会关切父母的冷暖。

为了父亲的期待，也为了自己的理想，他一次次参加科举考试，从16岁考到42岁。虽然他越来越心灰意冷，但当父亲要求他最后一试时，他还是借来考具，奔赴那折磨了他半生的科举考场。

他高中状元并被授予翰林院修撰后不久，父亲去世。这个消息对张謇来说，似晴天霹雳。他日夜兼程赶回家里，在其父棺前痛哭不已。"一第之名，何补百年之恨；慰亲之望，何如侍亲之终"，他为自己未能在父亲最后的岁月里守护在身边而感到万分的自责和悔恨。

张謇的父亲张彭年虽然识字不多，但却是远近闻名的纷争仲裁人，父亲的勤劳、正直、善良、内敛、无私、助人等品德时时影响着他。张謇的母亲金氏亦是善良、纯朴、智慧、善解人意的女性，给张謇的爱和熏陶也对张謇有深刻的影响。

张謇早在27岁时就奉父命作《述训》，后来又不断修改完善，定稿于47岁。《述训》述说了张謇家的来历，着重记述了其家教家风及其父亲张彭年、母亲金氏的为人及教子录。其中一些事例足以证明其家规家风情况。

祖父是位仗义之人。由于被人诱骗，张謇祖父沾上了赌博，家底输光，连祖屋都卖掉了。后来听说买他祖屋的瞿姓人家在灶旁挖到两坛银子暴富起来，有人劝张謇祖父应找瞿姓人家要回银子，但其祖父却说："是各有命，银未必有张氏识也，我守穷而已。"其内敛仗义、甘于吃亏如此，难怪张謇小时常听邻里说："张三老爹是真好人，不欠租、不宿债、受人欺侮不计较。"

祖辈父辈知恩图报。张謇祖父家人口多，粮食接济不上，此时，邻里老妇人见状，就给了他家一斗米以救急。张謇祖父知道老妇人家也不宽裕，便省吃俭用2个月，将米还给了老妇人，且对张謇父亲说，任何时候都不要忘记老妇人的恩德。后来，老妇人儿子去世了，张謇的父亲便每年给她送斗米，直到老妇人离世。

父母仗义疏财。咸丰三年遇虫灾、旱灾，海门一带斗米千钱，张謇家大门靠近大路，常有乞丐前来要饭，每当这时，张謇父母就将锅里碗里的饭省下一些给他们，并说："救一人是一人，救一刻是一刻。自后凡临食有丐者，必与一碗。"同时，教导张詧、张謇兄弟说："汝曹知饥人闻饭气之香乎？我半饱时尚食人，子孙但有饭吃不可吝。"张謇父亲乘坐小车，逢桥必下车，走一段路再乘，并对张謇兄弟们说："非独慎万一之倾跌，亦自习劳而舒车夫之力，使不疲苦。"

从《述训》可知张謇的家教家风，也就理解了为什么他一生那样醉心于实业、教育和慈善事业。

1915年，张謇题濠南别业先像室对联："将为名乎，将为宾乎，自有实在；瞻望父兮，瞻望母兮，如闻戒词。"父母教诲，张謇时时响在耳旁，且是刻骨铭心的。

张孝若是张謇独生子。张謇46岁时生了张孝若，晚来得子，可谓是掌上明珠，按理娇惯一些也情有可原。然而，张謇并不溺爱，对儿子的教育引导始终抓得颇紧，要求甚严。在儿子面前，张謇既是严父，也是慈母。

张謇是严父。张謇办学一向倡导"严格教育"，而对子女的教育更是如此。他特别重视学业和品德，要求子女不折不扣地按要求去做。繁忙的事务让张謇难有时间抚儿弄孙，也就难以当面叮咛，于是他采取写信的方法。他给儿子写过数百封书信、便条，这些文字的字里行间处处体现着张謇严父慈母般的教子爱子情怀及其言传身教之道。

教儿子用功读书。首先，读书要勤。他说，"明白事理在多读书"，一个人必须多多读书才能更加明白事理；"用

张孝若

功乃终身事"，要将读书、学习、做学问作为一辈子的事，诚如我们今天所讲的"终身学习"。其次，用功读书的态度很重要。"用功须先虚心，再有实意"，就是说，用功读书先要认识自己的不足，一心想填补自己的不足；要有求知欲，然后才能有真诚的心意用功，真心实意用功读书才会有长进。再次，用功读书要讲究方法。"勤学须有恒，不可或作或辍"，要持之以恒，不能学学停停；做学问要追根究源，不能浅尝辄止。

教儿子立品做人。儿子如何立品做人，这是张謇极为重视的事。"儿须自爱自重。自爱自重无他，在勤学立品。何以立品？不说谎，不骄，不惰，不自放纵任性而已。"要求儿子自尊自重自爱，洁身自好，做到这些就是要勤学立品，要培养自己的优秀品行，培养高尚道德，诚实守信不说谎，谦恭谨慎不骄傲，内敛自省不放纵。名人之子更要注重立品做人，"儿须知父是有名人，儿子不易做"。作为状元，也作为清末民初政坛的重要人物，张謇深感对儿子严格要求的重要性，他极不愿意儿子依仗他的影响而为所欲为，也不愿儿子因为有他这棵大树遮阴而碌碌无为。他认为名人子女难做，稍不留意就会遭到非议，因此，他对独生子的为人立品要求甚严，期盼其子在勤学立品方面做出表率。

重视儿子国格的培养。张謇教导儿子与外国教师相处"须诚实恭敬，使中国上等人格因儿而见重"。他希望其子在外国教师面前展现中国人的上等人格，使外国老师能从其身上看到中国人的精神品格。后来，张孝若奉政府之命担任考察欧美日九国实业专使，行前，张謇郑重叮嘱其在外国元首面前应诚挚稳重、谦虚谨慎、讲究礼仪；同时，也要不卑不亢、恰到好处。

张謇也是慈母。他对儿子耐心细心的程度令人难以置信，可谓细致入微。儿子想学写诗，他便耐心而细致地教，如何押韵、如何讲究平仄。对儿子写的诗，张謇再忙都会一字一句地修改，并告之为何这样改。儿子给他写的信，他都仔细修改好再寄回，使儿子通过写信，不仅懂得怎样写信、如何表达，同时受到如何勤学、如何处世、如何为人、如何生活的教导和熏陶。这样，儿子每写一信，不仅写作水平有提高，且人生态度、看问题的角度、生活的能力、待人处事的方法等都会得到相应的提高。生活上，张謇对儿子亦可谓无微不至。例如，儿子有脚气，他便写信详细教他每天晚上如何洗脚泡脚、水温多少、洗泡时间、如何用药等，极为详尽。真难想象这样一位日理万机的大人物在生活方面对儿子关怀得如此细腻到位，正所谓"无情未必真豪杰，恋子如何不丈夫"。褪去名人的风采与光环，我们看到的是一位普通父亲的慈爱与温暖。

对于孙辈，张謇亦倾注了大量心血。孙辈出生时，张謇家族早已兴旺发达，能够给孙辈提供非常优越的生活条件。但是，这也恰恰是张謇最为担忧的地方。他说：

"孙辈生自富贵，我以为虑。"担心孙辈们在他的光环下，会产生优越感，而这种优越感会影响孙辈们的人生道路。因此，他对孙辈们的教育亦相当严格。他的孙女张柔武回忆说，祖父对他们孙辈要求很严，平时吃饭只有一荤一素，吃饭不准挑食，碗筷不能发出响声，嘴巴更不准发出吧唧声，大人没动筷子之前小孩子们不能动筷子，吃完之后小孩们必须跟大人打招呼，"我吃好了，你们慢用"；过年、过节、见重要客人，孩子们才可以换上新衣服、新鞋子。而过完年和节，客人走了，孩子们又得换上平时的衣服鞋子。透过这一切，我们可以看到张謇对孙辈们的良苦用心。

张謇在晚年以《家诫》昭示后人。他辑录、凝练了

张謇与家人在濠南别业合影

张謇书《家诫》

刘向、诸葛亮、王修、颜之推、柳玭、胡安国、朱熹等7位古人的7段教子书,将其刻写在石质屏风上,放置于东奥山庄别墅的院里,让子孙们不时看到而自省自励。这7段文字全面体现了人生修为的主要方面,概括起来主要有:修身要谨言慎行,俭朴耐苦;治学要宁静淡泊,勤勉学问;做事要明辨是非,恭敬处事;为人要忠信笃实,谦逊内敛;交友要亲近益友,远离损友。这组家诫体现的是传统文人深入骨髓的社会责任感及其对子孙后代永远的期待。

三、夫妻情

张謇一生共有一妻四妾。

结发妻子徐端(1856—1908),两人的婚姻为父母之命、媒妁之言。他们夫妻两人可谓是先结婚后恋爱。

徐端是本地人,家境富裕,比张謇小3岁,为明媒正娶。张謇22岁时与其成亲，那时张謇只是穷秀才。结婚第三天，新娘子就脱下婚服换成粗布衣干活，起早贪黑，忙里忙外，深得公公婆婆欢喜，也颇顺张謇心意。

两人结婚3年后生下一女，取名张淑，但不幸的是：出生3个月就夭折了。初为人父母的喜悦还没真正感受便遭此巨大的打击。失女之痛使得张謇多年后想起仍伤感不已："淑诞将三月，归来亦慰情。入门看戏笑，县悦弄孩婴……可怜魂入梦，未解唤爷娘。"

张謇夫妇后来领养过三兄张詧之女张娴，但体弱的娴儿4岁便因病而卒。又收养了孤儿院的两名孤儿（取名佑祖、襄祖）为养子，亦都在20岁左右病逝。

妻子徐端深知，不孝有三，无后为大。她为自己后来一直不能生育而自责，亦为张家延续香火而忧心，于是，想方设法为丈夫纳妾。尽管张謇百般反对，但拗不过贤妻的一再坚持。徐端先后为张謇纳妾四名。

在一妻四妾中，张謇与结发妻子徐氏恩爱有加、情深意长。不仅因为徐氏聪明能干、善良贤淑、勤俭持家，将全家上下、左右邻里都打理得井井有条，而且因为她与张謇志趣相投、夫唱妇随。张謇在《亡妻徐夫人墓表》中深情回忆了徐氏夫人来家35年之情形：徐氏19岁嫁到张家，还没满月，张謇便到江宁当幕僚，每年年底回老家而正月即离家，先后12年。其后，张謇或是参加科举考试，或是到相关书院执教、当院长，或是办各项事业，每年有十分之八九的时间在外，又有23年。在这35年中，父母起居病痛照应、衣食住行管理、里里外外打理、家务家事安排、亲戚邻里人情往来等，全权交给夫人；夫人凡事都安排得妥妥帖帖，上上下下井然有序，亲戚邻居都赞不绝口。

徐氏虽不识字，但理解、支持丈夫的事业。一方面她让张謇全身心地投入工作，另一方面当丈夫"遇极艰苦时，退而至家，夫人必有以慰其劳苦而助其坚忍"。徐氏夫人的慰劳、鼓励，常常能使疲惫困苦中的张謇得到慰藉并激发出克服困难的力量。

不仅理解、支持，徐氏夫人自己还身体力行地去做。她特别热心办学，曾参与创办并担任张徐私立学校校长，带头为通州女子师范学校捐款。她去世前的遗愿是办女校、幼稚园、育婴堂。她的这些遗愿，张謇后来筹款甚至借款都为她一一实现了。

徐氏夫人在世时，张謇与她恩爱有加。她生病后，张謇为她专门修建了花竹平安馆，并延请名医为其治疗。在诀别之际，徐夫人躺在张謇怀里说："你待我不错，我也待你不错。"徐氏夫人去世后，张謇为其举办了隆重的葬礼，自己甚至像孝子一样披麻戴孝。为徐氏夫人修墓时将自己的名字也刻写上去，"州民张季子夫妇之墓"，外层再书写"张徐夫人之墓"。每到徐氏夫人的忌日，张謇总是独自到其生前屋子，与之独处。平时，亦不时作文，表达自己深深的思念。有时，他还与儿子交流自己的怀念之情："今日家中祭儿母，不胜怆恸！儿在花竹平安馆设祭时，感念如何？父有志哀诗到校示儿，父之哀伤何止百端，儿知之耶？"张謇将夫妻两人关系概括为8个字："贫贱夫妻，相为知己。"

张謇对四位妾虽不似对徐氏夫人情深意切，却也算有情有义。

陈妾为人谦和谨慎，颇得徐氏夫人信任；家里邻里，人缘亦好。可惜陈氏来家9年之时、在第二位妾管氏进门1年后便去世，未能生育。张謇对陈妾的去世深感痛惜，并亲写《亡妾陈氏墓志》。

管氏进门后，5年亦未生育。徐氏夫人甚是着急，便继续张罗着替夫纳妾，且准备娶进吴氏、梁氏两妾。此时的管氏既自责又自卑，心里空虚，无处诉说，加之吴氏、梁氏娶进门，她更感孤独空虚，便以吃斋念佛来排解。后来"得心疾忽投大悲庵祝发"，张謇同意了。不久，管氏后悔想回来，张謇认为"义所不可"。当然，这是后语。

吴、梁二氏进门后，吴氏第二年便生下怡祖（张孝若）。母以子为贵，家中地位自然随之上升。怡祖11岁时，徐氏夫人去世。家中不能缺少内当家，张謇便让孝若生母、忠厚本分的吴夫人掌管内务。而梁氏过门后一直未有生育，心中自有不甘，虽管理养子佑祖、襄祖，但仍难以排解。特别是吴氏掌管内务后，梁氏更是心有不平，于是便

张孝若生母吴道愔

请假回了娘家,以奉养老母为名,不再回头。

张謇虽一妻四妾,但与别人不同的是:一妻四妾都是别人安排的。结发妻子是父母安排的,四位妾是结发妻子安排的。张謇与结发妻子情深意切、情投意合。不过,他也能善待四位妾,尊重她们的意愿和选择。在当时的社会环境下,张謇这位受"三从四德"浸润几十年的"状元公",能如此开明、宽容,也算是难能可贵的了。

四、知遇情

张謇与沈寿相识相知的时间并不长,两人从相识到沈寿去世,总共也就 10 年左右;而从沈寿应聘到南通再到去世仅7年。两人从相见相识到相赏相知的时间很短,但在两人一生经历中却又是不能忽略的。

沈寿(1874—1921),名雪芝,号雪宧,出生于江苏吴县(今苏州一带)。其父是位商人,尤以古字画见长,这使雪芝从小受到艺术的熏陶。从小跟着父亲读书写字,跟着姐姐学刺绣。她天资聪颖、接受能力强、悟性高,十四五岁时绣艺出众。17岁时与举人余觉成亲,婚后,夫妻两人"一个写字作画以笔代针,一个刺绣以针代笔",也算是相得益彰。1904年慈禧太后七十寿辰,余觉将雪芝精心赶绣的《八仙上寿图》献于宫中,太后见后大喜,盛赞其绣艺,给夫妇俩颁发四等商勋,并赐亲书的"福""寿"两字。从此,沈雪芝改名为沈寿。其后,沈寿夫妇被农工商部派往日本考察,此开中国刺绣史上绣女出国考察之先河。2年后,商部设立女子绣工科,招余觉为总办、沈寿为教习。绣工科解散后,沈寿到天津办绣工学校。

1910年,被后来称为"中国世博会预演"的南洋劝业会在南京举行,张謇任总审查长,而沈寿专门审查绣品。张謇偶得一露香园绣品,便请沈寿鉴定真伪,两人便由此相识。张謇为沈寿娴熟的鉴定技术和高超的绣艺深深折服,于是,第二年便派一女生赴京向沈寿学绣艺。这一年,沈寿精心绣制的《意大利皇帝像》《意大利皇后爱丽娜像》在意大利世博会上获得优等奖和"世界至大荣誉最高级卓越奖"。2幅绣像被作为国礼赠送给意大利,国王和王后见后十分欣喜，回赠沈寿2件珍贵礼物。后来绣工科解散，沈寿到天津自办绣校，"教绣自给"。在此情形下，张謇便在南通女子师范学校设绣工科，聘请沈寿前来主持。

1914年，沈寿应聘来到南通，担任女工传习所所长兼教习。在此之前，张謇已聘其夫余觉到南通担任贫民工场经理。沈寿自来南通后，便全身心投入女工传习所的各项工作中，特别是潜心管理，亲力亲为。同时，精心教学，呕心沥血，诲人不倦，一针一线，手把手亲授，将刺绣精髓传于学员。自己还利用业余时间精心赶绣《耶稣像》，该绣品荣获1915年巴拿马世博会一等奖。沈寿工作勤恳、用心、投入，过度操劳使得本就体质偏弱的她健康每况愈下，而丈夫余觉的种种行为更是雪上加霜，令她十分伤感。因此，沈寿时时感到体力不支、心力交瘁。尽管如此，她仍坚持教学，抱病刺绣。张謇曾几次要为她加薪，但她总是推辞。

在沈寿生病的几年中，张謇给予其无微不至的关怀和体贴。尽管公务繁忙，但张謇将沈寿治病视作要事，为其延请名医，跟踪治疗进展，时时嘘寒问暖；同时，将自己的谦亭借给沈寿居住，使其有一个养病治病的安静环境。百忙之中，他抽空教沈寿学习写诗，专门为她编写了《雪宦诗歌读本》。沈寿学诗悟性颇高，不久就能吟诗作诗了。在学诗写诗赏诗的过程中，不仅两人的互相理解在加深、感情在增进，同时，对于沈寿放松心情、缓解情绪或多或

沈寿　　　　　　　　　　　　沈寿绣《耶稣像》

张謇、沈寿等与第一届毕业生合影

少有积极的作用。

病中的沈寿与张謇共同完成了一部杰作。由张謇执笔、沈寿口授的《雪宧绣谱》在沈寿病重期间得以完成。此前，随着沈寿病情的加重，张謇的心情也越发沉重，既有对沈寿病情加重的担忧，亦有如何传承沈绣精髓的焦虑。而就沈寿来说，她也深知自己的病情不断加重的事实，同时，也希望绣艺变成文字世代相传。此时的身体已明显不能支持她实现这个愿望，同时，那时的刺绣都是通过师傅手把手传教而来，并没有刺绣理论。即便是刺绣高手，若要将绣艺既逼真地描述下来让人能记，又上升至理论让人能懂，也是很难做到的，更何况沈寿正处于重病之中。于是，这才有了张沈两人合作绣谱的感人故事。重病中的沈寿吃力地一字一句述说，百忙中的张謇耐心地一字一句书写，"日或一二条，或二三日而竟一条"，"且复问，且加审，且易稿，如是者再三"，"积数月而成此谱"，"无一字不自謇出，实无一语不自寿出也"。可以想象，两人克服了多大的困难才得以完成。病中的沈寿要凭着记忆费力费神地一一细述，还要说得让张謇明白。而张謇虽是状元，但对刺绣却并不通晓，要将沈寿所述变成让人明白的文字理论，这又谈何容易。在两人的艰苦努力下，定名为《雪宧绣谱》的作品终于大功告成了。绣谱系统总结了沈寿40年的刺绣经验和真知灼见，共分为"绣备、绣引、绣针、绣要、绣品、绣德、绣节、绣通"等8个部分，对刺绣的方式方法作了清晰而完备的阐述，将沈绣的精髓逼真地记载下来，成为我国首部系统总结沈绣的专门著作。令张謇稍感安慰的是：《雪宧绣谱》不仅使沈绣的刺绣艺术得以完整保存下来，且在沈寿生前得以出版。

　　张沈两人，从相见相识到相赏相知不过10年，真正接触也只7年，亦是沈寿带病工作的7年。7年中，

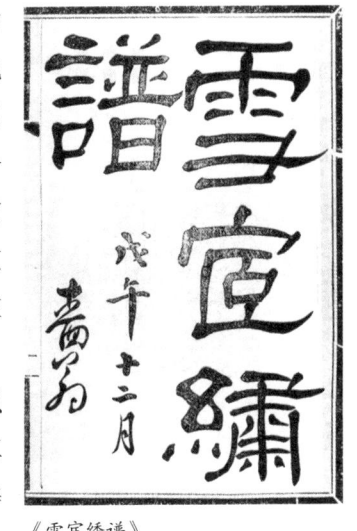

《雪宧绣谱》

张謇给予了沈寿支持、欣赏、爱护和怜惜，而沈寿也给予了张謇事业上的奉献和精神上的慰藉，两人可谓是灵魂知己。这可从两人你来我往的诗中略微知之。张謇对沈寿的人品、绣艺、敬业精神深为感佩，给沈寿拟对联"绣段报之青玉案，明珠系在红罗襦"，表达了对沈寿的欣赏、怜爱之情；同时，以自己的方式关怀着病中的沈寿，让"谦亭客"极为感动。于是她请张謇写了"谦亭"两字，然后用自己的头发绣了出来赠予张謇。发绣的深情亦使张謇深为感动，他立即作诗《雪君发绣谦亭字为借亭养疴之报赋长律酬之》酬答："枉道林塘适病身，累君仍费绣精神。别裁织锦旋图字，不数回心断发人。美意直应珠论值，余

光犹厌黛为尘。当中记得连环样,璧月亭前只两巡。"隔天又写一首《谦亭杨柳》:"记取谦亭摄影时,柳枝宛转绾杨枝。因风送入帘波影,为鲽为鹣那得知。杨枝丝短柳丝长,旋合旋开亦可伤。要合一池烟水气,长长短短护鸳鸯。"其感动、怜惜、深情,一目了然。

然而,红颜薄命。1921年6月18日,这位端庄、敬业、勤恳、高洁的一代绣圣与世长辞,她在生前选择南通作为自己的长眠之地。张謇遵其遗愿,在南通为她举办了隆重的葬礼,并亲写墓门"世界美术家吴县沈女士之墓阙"。墓碑阳面镌刻着张謇撰写的《世界美术家吴县沈女士灵表》,阴面雕刻着沈寿遗像。张謇的挽联是:"真美术专家,称寿于艺,寿不称于名,才士数奇,如是如是;亦学诗女弟,视余如父,余得视犹子,夫人为恸,丧予丧予。"沈寿去世后,张謇每每作诗,以寄托哀思,表达怀念之情,特别是《惜忆四十八截句》一气呵成,正所谓"不思量,自难忘"。

张沈两人的相见相识相赏相知,谱写了一曲优美动人的知遇乐章。"发乎情,止乎礼",柏拉图式精神恋情传为佳话。

第八章 "不与草木同腐"

一、"模范县"

江苏南通是张謇的故乡，也是张謇事业的发祥地。在短短 30 年中，他将近代南通从一个偏僻、闭塞、落后的小城建设成为全国的"模范县"，且闻名中外，使南通迈进中国早期现代化前列。

近代工业体系初步形成。南通开始机器化大生产是从张謇引进英国纺纱机开始的。1895 年，张謇开始兴办大生纱厂，到张謇去世前两年的 1924 年，大生系统仅纺织厂就拥有 16 万枚纱锭、1600 余台织布机。以机器纺织为骨干的南通近代工业体系基本形成，其门类涵盖了轻工业、重工业、农业、金融、交通运输、通信、水利、商贸、服务业等。近代企业、公司不仅开南通机器工业之先河，且大多在全国也是处于民营经济的前沿阵地。以大生纱厂为龙头的近代机器工业是南通历史上空前的工业革命，数十家企业养活了数十万人。它不仅将南通带入了近代工业的行列，也带来了人们思想的空前解放。

农业早期现代化开始尝试。张謇推行的科学种地、品种优化、土壤改良等为南通向高效农业转化奠定了基础。通海垦牧公司 20 多年中，开垦荒滩盐荡 10 多万亩，使荒滩变良田。垦牧公司的早期现代化尝试改变了长期的租佃制度，开阔了人们的视野，给农业的发展提供了一种新的思路。据《江苏省鉴》载，1912 年前后，南通棉田年均 130 万亩至 140 万亩。南通一地即占全省棉田总面积的 14.41%，居全省之首。

盐业颇具知名度。张謇创立同仁泰盐业公司，采用雇佣劳动方式组织盐业生产，聘请日本工程师改进制盐工艺，引进松江板晒制盐法。公司所产精制盐获意大利万国博览会优等奖牌，此为中国盐荣获国际大奖之始，其后，多次获国际大奖。1912 年，张謇任两淮盐政总理，改造归并旧有盐场，掀起废灶兴垦运动；创设通属总场以总辖各场盐务，引领兴废运动。

交通运输有重大突破。19 世纪末之前，偏于江海一隅的南通交通颇为落后。张謇经营南通后，20 世纪初修建了纵横交错的公路，港闸路、城闸路、狼山路，沟通了一城三镇。同时在城内修筑了模范路、博物苑路、启秀路、公园路、跃龙路、桃坞路、段家坝路、大学路等，且路路都通汽车。不仅市内交通方便，对外亦四通八达。交通工具明显改善，此前主要靠小车、独轮车、三轮车等，而进

张謇、张詧与特来克等人合影

入 20 世纪之后，南通的公共交通发展较快，私营汽车增加也较迅速。

水运令人注目。张謇集资创办了大达内河小轮公司、大达轮步公司和天生港轮步公司，购买轮船航行于通吕运河、通扬运河及长江水道。

水利工程保地方平安。水利建设一直被张謇视作要务，他不惜代价、不计成本地进行围垦、筑堤、建闸、保圩、筑楗，兴修水利，以确保通海地方之平安。

金融机构建立起来。大生资本集团建立了淮海实业银行，使得南通拥有了 5 家银行，还开创了棉纱业、证券、杂粮联合交易所。

服务业飞跃发展。原来南通仅有些小客栈、小酒店，而张謇于20世纪初建造了集住宿、吃饭、休闲、娱乐、健身于一体的现代化旅馆,如有斐饭店、南通俱乐部、桃之华旅馆等。

教育迈入先进行列。在短短30年中,南通的教育从落后的行列迈入了先进的行列。师范教育、普通教育、职业教育、特殊教育、女子教育、慈善教育、社会教育等应有尽有。

公共教育和公共文化应有尽有。南通图书馆是我国最早的图书馆之一。博物苑是全国第一所民办博物馆,陈列自然、历史、美术、教育四类标本文物,普及科技,提供学生实验场所。更俗剧场、阅报社、巡回文库、妇女宣讲会、通俗教育社、商品陈列所等启迪民智,普及知识。建造军山气象台,观察天象,预测天气情况。两个公共体育场向公众免费开放,引领人们强体健身、快乐生活。

园林绿化独具魅力。

五公园。继唐闸公园之后,张謇又在南通城兴建了东西南北中五座公园。五公园位于濠河颇为开阔的西南端,

东公园　　　　　　西公园

南公园千龄观

北公园

中公园

公园桥堤相接、河水相贯，亭台楼阁，错落有致。岸上芳草青青，水面波光粼粼，岸边杨柳依依。徜徉其中，如入仙境。

五山。狼山、军山、剑山、马鞍山、黄泥山等五座天然小山依江而立，长江流经南通段，江面开阔。伫立江边，天气晴朗时江对岸隐约可见，自然景观独树一帜。狼山景区人文景观亦甚丰富，观音禅院、支云塔、广教寺、藏经楼、三仙祠、幻公塔、梅林春晓、文殊院等历史文化遗存

五山远眺

狼山远眺

分布各处，林溪精舍、赵绘沈绣楼、东奥山庄、西山村庐等庭园别墅点缀其间，自然景观与人文景观交相辉映、相得益彰。

张謇还极为重视绿化和植树造林。他在担任农商总长时，主持制定相关政策，同时建议将清明节设为植树节。他的提议得到北洋政府批准，1915年确定每年清明节为植树节。除鼓励植树造林外，他自己亦身体力行，走到哪儿，树便栽到哪儿，留下了种树护树的佳话。晚年，他亲自筹划，在五山造林，植树10多万株。

这一切使得近代南通园林绿化颇具特色。有一望无际的南黄海，有浩瀚的长江波涛，有秀丽的五山倩影，有美丽的护城濠河，有人间仙境般的五公园，有自然的田园风

各国驻上海领事到南通祝贺张謇70岁生日合影

光，有山、有水、有绿色。人们休闲在这如诗如画的大自然中，定会心情舒畅、忘记烦忧，会积聚起更多的精神能量。濒江、临海、一城三镇、千年护城河、五山、五公园、绿化、树林等，使得近代南通园林独具魅力。

公益慈善初成体系。张謇与张詧等先后创立了多所医院，办起了3所养老院，孤儿院、育婴堂、幼稚园、济良所、戒毒所、义茔、贫民工场、游民工厂、栖流所等一应俱全，从"摇篮"到"坟墓"俱予以关照。

城市建设匠心独具。张謇的城乡设计颇为独特，且富有时代感和前瞻性。他将唐闸作为工业区，将天生港作为港口区，将狼山作为风景区，将老城区作为生活、文化、娱乐和商业区，构成了以老城区为中心的一城三镇布局。城镇之间，马路相连，田园相隔。

中外科技文化交流频繁。张謇聘请日本、英国、法国、美国、荷兰、瑞典等国的教师、工程师、专家、学者40余人赴南通工作；向国外购买机器，引进先进的生产技术和棉花优良品种；从学校选拔优秀学生，送往国外留学深造；出口民族工业品，三次参加国际博览会，沈寿绣品《耶稣像》、颐生酒和吕四盐获大奖，获其他奖项者逾70人。如此等等，中西文化在南通汇合交流融通。

"模范县"闻名中外。邵勤教授对"模范县"之来源进行了详细考证：1918年，《亚洲》杂志的编者之一弗莱德里克·R.赛提斯（Frederick R.Sites）发表了一篇重要的文章，他在文中提出南通是一座"模范城市"。转年，上海出版的英文报纸《米拉德评论》（*Millard's Review*）授予南通"模范地区"称号。于是，中国报界开始称"模范县"。不久，"模范县"被广泛应用于新闻报道和公共演讲中，并编入了教科书；商业广告也普遍使用起来。以上这些恰恰说明，"模范县"不是自夸的，也不是政府部门命名的，而是社会承认的。当时，国内众多名流、学者、团体、师生等慕名前来，参观学习者络绎不绝。一些全国性学会也慕名到南通召开，如中国科学社、中国农学会、中国纺织学会等。南通被称为"实业教育发达之区""全国模范县""中国之地上天堂"。

国外亦颇具影响。英国人戈登在1921年写的《海关10年报告之四》中说"现为上海附属口岸的通州，早在1899年就开始了建设。它从一开始就坚持自治的原则。当地有财有势的商人在20年前就组成南通自治会，对通州后来的发展，对于为建立警备力量、修筑道路、兴建医院学校而筹措资金作出了贡献"；"通州是一个不靠外国人帮助、全靠中国人自力建设的城市，这是耐人寻味的典型。所有愿对中国人民和他们的将来作公正、准确估计的外国人，理应到那里参观游览一下"。美国、日本等国报纸杂志亦不时刊登与张謇和南通相关的报道和文章。

"南通模式"意义深远。100年前，张謇以其资本集团的雄厚实力影响着长江三角洲的经济发展，且真正走出了一条适合本地实情的独特的早期现代化道路，亦可称为"南通模式"。这个模式可概括为：能人主导、实业为基、教育先行、慈善补充、农工商协调、产学研结合的早期现代化道路。

二、"开路先锋"

1926年，张謇去世后，其子张孝若不仅精心编出《张季子九录》，且在收编的过程中萌发了写传的思想，并最终写成《南通张季直先生传记》。胡适作序，称张謇"当了三十年的开路先锋"。

"开路先锋"即各项事业的先行者、领路人。

张謇一生创造了多个"全国第一"或"全国之最"。诸如第一个股份制棉纺织企业即大生纱厂，第一个农业股份制企业即通海垦牧公司，第一所私立师范学校即通州师范学校，第一所职业子弟学校即唐闸实业公立艺徒预教学校，第一个商会即南通州商务总会，第一个渔业公司即吕四渔业公司，第一个官办民营渔业公司即江浙渔业公司，第一所博物馆即南通博物苑，第一个世博会酒类金奖即颐生茵陈酒，第一个精制盐获世界大奖即吕四盐，第一所警察专业学校即巡警教练所，第一个民营股份制资本集团即大生集团，第一个县级图书馆即南通图书馆，第一所纺织专业学校即南通纺织专门学校，第一所水利高等学校即河海工程专门学校，第一所盲哑师范学校即南通盲哑师范传习所，第一所中国人办的独立设置的盲哑学校即狼山盲哑学校，第一所民办气象台即军山气象台，第一所近代戏剧学校即伶工学社，第一家股份制电影制作公司即中国影戏制造股份有限公司，等等。

以上这些仅就具体事项而言。其实，张謇创造的"第一"远不止这些，他的许多理念、方略、方法都是前无古人、富有创造性的。

张謇一直追求着一个理想，即要建设"新世界雏形"。这个理想在他的有生之年其实已基本实现，正如他在生前给自己题的墓联一样，"即此粗完一生事，会须长伴五山灵"。"粗完"表示自己的一生事业基本完成，目的基本达到。张謇的"新世界雏形"具有以下特色：

第一，城乡一体化建设思路。

城乡互动，优势互补。张謇虽然在多种场合讲自己搞的是村落主义，但其实他的村落主义是城乡一体化思路。城乡之间，在经济发展方面联系加深，城乡资源进行合理配制，统一安排、统一协调，产业联动，资源共享，优势互补，利益互惠，经济、政治、文化、教育、交通运输、水利以及社会公益事业等诸方面协调发展。利用城镇便捷的交通运输和乡间廉价的劳动力，在城镇办工厂；利用农村的土地资源鼓励农民广为植棉；利用本地的种棉优势和人们擅长手工织布的特点兴办纱厂；利用沿海辽阔海滩的有利条件办垦牧垦植公司。这样最大限度地利用本地资源和有利条件，努力实现资源共享、优势互补。

城乡统筹，协调发展。张謇将广阔的农村作为城市的原料供应基地，同时，又从企业中拨出资金搞农田基本建设、土地改良和棉种优化，将资本主义的生产方式引进垦牧公司。而农业特别是棉花的丰收和棉质的优化又使纱厂降低了成本、提高了产品的质量和利润。这样，城乡之间就建立了一种利益互惠、产业互动的良性循环。

城市乡村化，乡村城市化。张謇将唐闸定为工业区，将天生港定为港口区，将狼山定为风景区，将老城区定为生活、文化和商业区。一城三镇，既互相联系又各自独立。一城三镇之间有农田隔开，城市的文明之风吹拂着乡村，而乡村的清新之风也贯穿着城市，大自然的风情美景镶嵌在城镇之间。生活区里少有工业、少有污染、少有噪音，有的是文化气息和浓浓的生活情调。生活于其中，充满着生活工作的热情，积聚着精神的能量，更好地投入到工作中去。城市乡村化，乡村城市化，达到城乡共振、人与自然的和谐。

第二，三类产业齐头并进。

按照今天的共识，产业可分为三类：第一产业为农、林、牧、渔业，第二产业为工业、建筑，第三产业为商业服务、交通运输、邮电通信、文化教育、物资供销、地质勘探业。张謇时代，中国还未做这样清楚的划分。不过，从张謇所创办的企事业情况来看，他又着实推进了三类产业协调发展、齐头并进的态势。今天，人们所命名的三个产业中的各个产业，几乎无一不在张謇的视域之中。

第一产业农业是张謇一向所重视的。他在办大生纱厂之前曾试着办过蚕桑公司。大生纱厂刚刚开机，他就着手筹划开垦土地，改良土壤，种植棉花；并在老棉区指导农民植棉，普及农业技术，促使棉农优化品种。张謇这样做，从其主观看，主要是为满足大生纱厂对原料的需要；但在客观上也确实提高了农民的收入、发展了农业生产，特别是促进了农业和工业的互动。林业也是张謇所重视的，他在担任农商总长期间制定政策引领植树造林，同时身体力行，留下许多种树护树的感人故事。张謇办垦牧公司，既垦又牧，垦牧公司的土地上牛羊成群，绿草茵茵。渔业也是张謇所关注的，他曾着力创办渔场，并在任农商总长期间制定奖励保护扶持渔业的政策。

第二产业工业是张謇的发祥地。大生系统有其主干产业，即大生纱厂，此外大生二厂、三厂等也是重要产业。同时，还有与其相联结的其他各产业。在大生的产业链中，各企业之间相互提携、和衷共济。尤其是其骨干企业对其他各企业的投资和扶持，使得这些企业在极其艰难的情境下能够生存和发展起来。建筑业也别具特色。张謇重视建筑业，首先是重视对建筑人才的培养。孙支夏就是这样的建筑人才，其设计艺术、建筑技巧既是对中国传统建筑业的继承，同时，又根据时代的发展巧妙地融入了西方建筑艺术的精华。南通的建筑业、建筑队伍在当时是颇具影响的，张謇的濠南别业就是由孙支夏等设计建筑的，它传承了中国传统的建筑理念，又融入了西方现代建筑的品位，让人耳目一新。而建筑材料的生产使用就更早了，还在1895年，张謇在唐闸创建大生纱厂时，就建造了两座土窑，用来生产石灰，以供大生纱厂建筑之用。南通的建筑传统一直沿袭到今天，号称"南通铁军"的南通建筑队伍享誉全国。

  第三产业商业服务是张謇所着力谋划和竭力追求的。他开创的旅馆业、饮食业等不仅在当时的南通引领新潮流，就是在全国来讲，也是屈指可数的。文化教育更是张謇所极为重视的，这是他办实业的原初动力。在近30年中，他创办或参与创办、支持创办的小学就有300多所；创办或参与创办的大学、中学有几十所；各种特种教育也是从他开始全面启动的；职业教育更是别具特色。交通运输方面，他开拓了陆海江河的多条公路和航线，使得南通的交通真正做到了四通八达。邮电通信方面，他开创了南通第一家电报局和电话公司，在他的推动下，南通的通信发展很快，在全国颇具名气。

  当然，第一、二、三产业发展的轻重缓急在张謇眼中并不是等同的。他在创业的近30年中，对这三类产业在不同的时期有不同的侧重。农业，是他最先强调的。作为受传统教育且在科举仕途上摸爬滚打了几十年的他，中国传统的"重农"思想不可能不在他的思想里打下深深的烙印。不过，随着外国资本对中国市场的抢占和掠夺，张謇强烈地意识到了工商业对于争利权的重要性。尊重传统而又不囿于传统是张謇的性格特征之一。于是，他由强调农业为本的思想，进而强调农工商并重。他强调实业教育迭相为用，第一、二、三产业协调发展；产业既成链又强调规模经营；各项事业齐头并进，共同发展。张謇还开近代循环工业之先河。

第三，产学研有机结合。

张謇的产学研有其特定的意义。用今人的眼光来看，产学研结合就是企业、学校、科研机构相结合，使其成为一体化，重视它们的相互联系、相互影响和相互作用，这对产学研三方面的发展都具意义。100年前，张謇初步意识到了这个问题。不过，他当年的产学研结合还是比较初级的。为办教育，他创办实业；为使实业有更多的人才，他创办教育；为使人才有实践才能，他在工业企业内安排学生实习，在垦牧公司里让学生种试验田，在其所办大学有各种各样的实验室，供师生实验和研究，甚至攻克一些科技难关。在他的资本集团中，产学研三者能够有机结合，做到良性互动和良性循环。

第四，工业化、城市化、现代化同时起步。

这是南通的独特现象。一般来说，工业化、城市化、现代化是个循序渐进的过程，前者是后者的前提和基础，后者是前者的发展、延伸和结果。中国绝大多数城市的发展基本遵循着这样的轨迹，即首先是工业化、城市化，然后才是现代化。而近代的南通却呈现着另外一种景观，即工业化、城市化、现代化同时起步，三位一体。工业化即使现代工业在国民经济中占主要地位，城市化即使农村人口向城市转移和聚集，现代化即包括经济、政治、文化以及人的现代化。中国的近代城市，在迈向现代化门槛的时候，几乎都是先从经济上开始的。而近代的南通，早期现代化包括了经济、政治、文化甚至人的现代化，是一个综合发展的城市，南通也因此成为全国的模范。100年后，蓦然回首，人们惊异地发现，原来，南通堪称"中国近代第一城"。

第五，中国人自行规划、设计并实践。

南通成为"中国近代第一城"。这个"第一城"，主要基于南通是一个由中国人自行规划设计、自己建设而不是依赖外国势力发展起来的城市。张謇起初可能并未想过全方位经营地方，但随着其企事业的迅速发展，他心目中的蓝图变得越来越清晰、完整。他有关救国强国的理想是通过地方自治路径来实现的。在地方自治实施过程中，张謇是总设计师，他以及三兄张詧等助手是具体经理人组织实施，尽管先后聘请了众多的外国专家，但只是利用他们的技术为自己的理想和现实服务，即拿来为我所用，<u>丝毫没有殖民色彩</u>。张謇仅仅用了30年时间便将原本落后、偏僻、封闭的小城建成闻名中外的"模范县",成为地方自治的典范,开创了一条独特的早期现代化之路,其速度之快、规模之大,实在令人难以想象,不能不说是个奇迹。

第六,个人和企业承担着社会功能。

个人和企业办社会。南通近代工业的起步是从张謇创办大生纱厂开始的,大生纱厂的创办又主要依靠了张謇个人的力量。当然,所谓的个人力量,主要是说在办企业的过程中,张謇起到了极其关键的作用。没有张謇,就没有大生,便没有近代南通的轰轰烈烈。经济、文化、教育、社会公益、慈善等一切活动,其资金来源,主要是靠大生纱厂的盈利、张謇家族的个人资助、所办企业的股东、张謇所开辟的其他资金渠道。张謇将社会和地方当作自己的家一样,进行规划、建设而不遗余力。这种私人办公益、企业办社会,在中国近代史上是极为少见的。正如研究张謇的泰斗章开沅先生所评论的:"在中国近代史上,很难发现另外一个人,在另一个县,办成这么多事业,产生这么深远的影响,以至直到今天,我们在南通各处都仍然可以感觉到他的存在。"

张謇为理想境界的实现甘愿当牛做马。他曾在股东大会上说:"借各股东资本之力,以成鄙人建设一新世界雏形之志,以雪中国地方不能自治之耻,虽牛马于社会而不辞也。"他又说:"天之生人也,与草木无异。若遗留一二有用事业,与草木同生,即不与草木同腐。故踊跃从公者，做一分便是一分，做一寸便是一寸。鄙人之办事，亦本此意。"张謇的这些表述为他一生辛劳之缘由做了最好的诠释。

张謇耗尽半生精力，吃尽千辛万苦。可是，在他晚年精力衰微之时，其大生资本集团走下坡路，主干企业无力独自支撑下去，不得不被债权人银团接管。从这个意义上说，张謇也许是不幸的。但是，张謇又是极为幸运的。他立足一地办成这么庞大事业，且很多事业在他身后仍然延续下来，他成为中国早期现代化的先行者和奠基人，更为可贵的是他的家国情怀和牛马精神是永垂不朽的。张謇不仅属于南通，也不仅属于江苏，他属于中国和世界。

张謇一生，就他个人而言，最大限度地实现了自己的人生抱负和人生价值；就他所代表的新兴阶层而言，表达了其要求改善政治环境、发展社会经济、改善民生福祉的愿望；就江苏南通而言，成就了其在中国近现代史上的灿烂辉煌；就今天而言，张謇的影响仍然清晰可辨；就明天而言，张謇的影响仍将继续下去。

主要参考文献

1.《南通地方自治十九年之成绩》,翰墨林印书局,1915年版。

2. 张孝若著:《南通张季直先生传记》,中华书局,1930年版。

3. 刘厚生著:《张謇传记》,上海书店,1985年版。

4. 沈家五编:《张謇农商总长任期经济资料选编》,南京大学出版社,1987年版。

5. 章开沅著:《张謇传》,中华工商联合会出版社,2000年版。

6. 卫春回著:《张謇评传》,南京大学出版社,2001年版。

7. 魏武编著:《张謇书法选》,中华工商联合会出版社,2003年版。

8. 张绪武主编:《张謇》,中华工商联合会出版社,2004年版。

9. 周新国主编:《中国近代化先驱:状元实业家张謇》,社会科学文献出版社,2004年版。

10. 王敦琴著:《传统与前瞻:张謇经济思想研究》,人民出版社,2005年版。

11. 吴良镛等著:《张謇与南通"中国近代第一城"》,中国建筑工业出版社,2006年版。

12. 严翅君著:《伟大的失败的英雄》,社会科学文献出版社,2006年版。

13. 邵勤:《出版事业和政治形象:1910—1920年的南通模式》,载张国刚主编:《中国社会历史评论》,商务印书馆,2007年版。

14. 张绪武著:《我的祖父张謇》,上海辞书出版社,2008年版。

15. 金其桢、黄胜平等著:《大生集团、荣氏集团:中国近代两大民营企业集团比较研究》,红旗出版社,2008年版。

16. 耿纪朋译注:《雪宧绣谱》,沈寿口述,张謇整理,重庆出版社,2010年版。

17. 李明勋、尤世玮主编:《张謇全集》,上海辞书出版社,2012年版。

18. 王敦琴主编:《张謇研究精讲》,苏州大学出版社,2013年版。

19. 陈翰珍著:《二十年来之南通》,张謇研究中心,

2014年重印。

20. 徐乃为：《张謇诗集》，上海古籍出版社，2014年版。

21. 张廷栖著：《学习与探索——张謇研究文稿》，苏州大学出版社，2015年版。

22. 王敦琴等著：《张謇与近代新式教育》，人民出版社，2015年版。

23. 张光武著：《百年张謇》，东方出版社，2016年版。

24. 张柔武著：《濒濠岁华》，广陵书社，2017年版。

25. 王敦琴、蒋辉明：《"中国近代第一城"诠释》，《南通大学学报》（社会科学版），2005年，第4期。

26. 王敦琴：《张謇"父教育而母实业"之内蕴及其当代价值》，《南通大学学报》（教育科学版），2006年，第1期。

27. 须景昌：《张謇与淮河水利》，《南通大学学报》（社会科学版），2007年，第5期。

28. 王敦琴：《张謇一生成败得失论》，《历史档案》，2008年，第3期。

29. 王敦琴、邵玮楠：《20世纪20年代大生纱厂被债权人接管缘由解析》，《江海学刊》，2008年，第5期。

30. 王敦琴：《张謇在辛亥革命前后的政治参与及影响》，《党史文苑》，2011年，第10期。

31. 施耀平：《张謇与夫人徐牡丹及诸妾》，个人网上图书馆,2014年3月。

32. 王敦琴:《甲午战争前后张謇对日本的认识及其主体态度》,《南通大学学报》,2015年,第4期。

33. 王敦琴、羌建:《张謇:"东南互保"中的"官商之邮"》,《南通大学学报》(社会科学版),2018年,第2期。

后 记

张謇一生，做了太多太多的事。仅以一本小书，实在难以讲全说透。限于篇幅，诸多大事要事，只能点到为止，甚至一笔带过，不能充分展开，更不能做深入分析。不过，这也许正是小书的意义所在，让您花较少的时间最快地感悟张謇。

本书图片均由张謇先生的曾孙张慎欣先生提供，且在选题、写作过程中，张先生并通过其助理许晓燕给予了关心和帮助。在此，谨致衷心的感谢！

本书在策划、成书、出版过程中，得到多方面的关心和多位专家的指导，在此，一并致以诚挚的感谢！同时，也感谢江苏凤凰美术出版社的辛勤付出和高效工作。

衷心感谢所有关心此书、所有为此书而努力的人士！

王敦琴　陈 蕊
2018 年 8 月